세밀화로 그린 보리 어린이

새 도감

기획 / 토박이
글 / 김현태
그림 / 천지현
펼친 그림 / 이우만
사진 자료 도움 / 김현태, 까치노을 김효곤, 난추니 김동현, 네모날개 곽호경, 머시 이권우, 바람의나라 최수열, 산골물 김장군, 새 박사 윤무부, 새아빠 박주현, 샐리디카 양현숙, 시니피앙 조성식, 시몬피터 김신환, 쓰리박 박천석, 언제나파란 유대호, 영도날치 김형준, 오스카 조흥상, 이우만, 임광완, 임백호 임봉덕, 정재흠, 추억지기 박상준, 크레용 이기한, 티노 김태영, 흰꼬리수리 정진문

개정판 편집 / 김미선, 김미혜, 이주연
기획실 / 김소영, 김용란
교정 / 박근자
디자인 / 이안디자인
제작 / 심준엽
영업마케팅 / 김현정, 심규완, 양병희
영업관리 / 안명선
새사업부 / 조서연
경영지원실 / 노명아, 신종호, 차수민
원색 분해와 출력, 인쇄 / (주)로얄프로세스
제본 / 과성제책

초판 1쇄 펴낸 날 / 2008년 1월 21일
개정판 6쇄 펴낸 날 / 2024년 6월 12일
펴낸이 / 유문숙
펴낸 곳 / (주)도서출판 보리
출판 등록 / 1991년 8월 6일 제 9-279호
주소 / 경기도 파주시 직지길 492 우편번호 10881
전화 / (031) 955-3535, 전송 / (031) 955-3533
누리집 / www.boribook.com, 전자우편 / bori@boribook.com

토박이
주소 / 서울시 마포구 양화로 156 LG팰리스빌딩 918호 우편 번호 04050
전화 / 02-323-7125
전자 우편 / tobagi3@empal.com

ⓒ 토박이, 2012
이 책의 내용을 쓰고자 할 때는 저작권자와 출판사의 허락을 받아야 합니다.

잘못된 책은 바꿔 드립니다.
값 35,000원
ISBN 978-89-8428-735-8 76490   978-89-8428-544-6(세트)
이 도서의 국립중앙도서관 출판시도서목록(CIP)은 서지정보유통지원시스템 홈페이지(http://seoji.nl.go.kr)와
국가자료공동목록시스템(http://www.nl.go.kr/kolisnet)에서 이용하실 수 있습니다.
(CIP 제어번호 : CIP2012000539)

제품명 : 도서 제조자명 : (주) 도서출판 보리 주소 : (10881) 경기도 파주시 직지길 492 전화번호 : (031) 955-3535
제조년월 : 2024년 6월 제조국 : 대한민국 사용연령 : 8세 이상 주의사항 : 책의 모서리가 날카로우니 다치지 않게 주의하세요.
KC 마크는 이 제품이 공통안전기준에 적합하였음을 의미합니다.

세밀화로 그린 보리 어린이
새 도감

산과 물에 사는 우리 새 120종

기획 토박이 | 글 김현태 | 그림 천지현

보리

차례

머리말 4
일러두기 6
텃새 풍경 8
여름 철새 풍경 10
겨울 철새 풍경 12
나그네새 풍경 14
우리나라의 새 16
텃새 17
철새 18
나그네새 19
목과 분류 20

꿩 22
개리 24
큰기러기 26
쇠기러기 28
혹고니 30
큰고니 32
혹부리오리 34
원앙 36
청둥오리 38
흰뺨검둥오리 40
고방오리 42
가창오리 44
흰죽지 46
흰뺨오리 48
비오리 50
아비 52
논병아리 54
뿔논병아리 56
황새 58
따오기 60
노랑부리저어새 62
저어새 64
덤불해오라기 66
해오라기 68
황로 70
왜가리 72
노랑부리백로 74
가마우지 76
황조롱이 78
매 80
물수리 82

솔개 84
독수리 86
참매 88
말똥가리 90
뜸부기 92
물닭 94
재두루미 96
흑두루미 98
두루미 100
검은머리물떼새 102
장다리물떼새 104
댕기물떼새 106
개꿩 108
꼬마물떼새 110
흰물떼새 112
깍도요 114
마도요 116
청다리도요 118
삑삑도요 120
좀도요 122

민물도요 124
괭이갈매기 126
붉은부리갈매기 128
검은머리갈매기 130
제비갈매기 132
멧비둘기 134
뻐꾸기 136
벙어리뻐꾸기 138
소쩍새 140
수리부엉이 142
올빼미 144
솔부엉이 146
쇠부엉이 148
쏙독새 150
파랑새 152
호반새 154
청호반새 156
물총새 158
후투티 160
쇠딱따구리 162
오색딱따구리 164
크낙새 166
청딱따구리 168
꾀꼬리 170
어치 172
까치 174
까마귀 176
홍여새 178
박새 180
진박새 182
곤줄박이 184

쇠박새 186
제비 188
귀제비 190
오목눈이 192
뿔종다리 194
종다리 196
직박구리 198
휘파람새 200
개개비 202
산솔새 204
붉은머리오목눈이 206
동박새 208
상모솔새 210
굴뚝새 212
동고비 214
찌르레기 216
호랑지빠귀 218
흰배지빠귀 220
노랑지빠귀 222
개똥지빠귀 224
울새 226
유리딱새 228
딱새 230
바다직박구리 232
흰눈썹황금새 234
큰유리새 236
물까마귀 238
참새 240
노랑할미새 242
알락할미새 244
되새 246

방울새 248
양진이 250
솔잣새 252
멋쟁이 254
콩새 256
멧새 258
노랑턱멧새 260

더 알아보기
  산새 풍경 264
  산새 266
  물새 풍경 268
  물새 270
  새의 한살이 272
  여러 가지 둥지 274
  여러 가지 새알 276
  새의 겉모습 278
  새의 날개 279
  골격과 근육 280
  깃털 생김새와 역할 282
  깃털 차이와 변화 284
  나는 원리 286
  날개 생김새와 역할 287

우리 이름 찾아보기 288
학명 찾아보기 292
참고한 책 294

머리말

매일 아침 집을 나설 때면 아파트 정원 나뭇가지 사이를 왔다 갔다 하는 작은 새들이 눈에 들어옵니다. 주말에 가족들과 가까운 산이나 강가, 때로는 바닷가를 찾아가 보면 더 많은 새들을 만날 수 있지요. 높은 나무 위에 앉아 있다가 날개를 활짝 펴고 자유롭게 날거나 흐르는 개울가에서 긴 다리로 걸어 다니면서 새들은 재잘재잘 노래하곤 해요. 아마도 우리 주위에서 새가 하루라도 눈에 띄지 않는 날은 없을 겁니다.

든든한 두 날개로 하늘을 자유롭게 날아다니는 새들을 볼 때마다 저는 부럽기만 합니다. 빨갛고 파랗고 노란 깃털로 화려하게 몸을 꾸민 채 '짹, 짹' 하고 짧게 울거나 '지리지리 재재재……' 하고 흉내 내기도 힘들 만큼 아름다운 소리로 노래하는 새들은 언제나 제 눈과 귀를 사로잡습니다. '대체 저 아름다운 새는 누구일까?' 하고 궁금해지지요. 산에 갔다가 우연히 작은 새들을 가까운 곳에서 만나면 동그랗고 새까만 눈에 호기심이 가득 차서 저를 바라보는 모습이 너무나 앙증맞고 사랑스러워요. 순수하고 맑은 새의 눈을 눈앞에서 보면 그 눈빛만은 절대 잊지 못한답니다.

도시 속에서 바쁘게 사는 우리는, 우리와 가까운 곳에 사는 새조차 거의 모르는 채 살아가고 있습니다. 자연이 주는 자유와 희망, 아름다움이야말로 우리 삶에 여유를 주고 상상의 나래를 활짝 펼치게 해 주는데도 말이지요. 특히 어린이들이 컴퓨터 게임과 책상머리 공부 속에 갇혀서 자연이 주는, 특히 새가 선사하는 아름다운 모습과 노래, 자유로운 몸짓을 모르고 자라는 것은 너무나 안타까운 일입니다.

그래서 2008년에 '세밀화로 그린 보리 어린이 새 도감'을 냈습니다. 그리고 4년이 흐른 지금, 지난 책에서 아쉬웠던 부분을 다듬는 한편 새로운 새들을 더해 개정 증보판을 내게 되었습니다. 우리 주위에서 자주 볼 수 있는 새들에다 멸종 위기에 있어 보호해야 할 새도 곁들여 모두 120종을 담았지요. 화가 천지현 씨가 부드럽고 사랑스런 붓놀림으로 그린 세밀화에 제가 이야기를 덧붙여 만든 이 책을 어린이 여러분한테 선물하려고 합니다.

부디 이 책이 시험 문제를 풀기 위해 읽고 외우는 책이 되지는 않았으면 합니다. 부담 없이 보고 즐기면서 새와 자연이 전하는 아름다움과 여유를 자연스레 느낄 수 있다면 그것으로 족합니다. 그래서 우리 어린이들이 밝고 자유로운 마음으로 세상을 살아가는 데 도움이 된다면 참 좋겠습니다.

2012년 봄 김현태

일러두기

1. 이 책은 2008년에 나온 '세밀화로 그린 어린이 새 도감'의 개정 증보판입니다. 지난 책에 실린 개체 100종 가운데 74종을 뽑고 다른 개체 46종을 더해 모두 120종을 실었습니다. 120종 가운데 80종이 넘는 개체 그림을 새로 그리고 새로운 정보를 반영했습니다.

2. 새 120종은 우리나라 자연 속에서 볼 수 있는 새로 하되, 참새나 까치처럼 비교적 흔히 볼 수 있는 종을 우선으로 뽑았습니다. 그다음으로는 흔치 않거나 거의 멸종에 이르렀더라도 따오기나 뜸부기, 소쩍새처럼 이름이 친숙하거나 재미있어 어린이의 관심을 끌 만한 종을 골랐습니다. 또한 황새, 올빼미, 노랑부리저어새같이 천연기념물 또는 멸종 위기종으로 지정되어 있어 더욱 관심을 갖고 보호해야 할 종을 더했습니다.

3. 우리 새 120종의 분류와 싣는 순서, 우리말 이름, 학명, 영명은 2009년에 나온 한국조류목록(Dickinson, 2003)을 따랐습니다.

4. 120종 개체 정보에는 새 이름의 유래, 북녘 이름, 사는 곳, 먹이, 생태적 특징, 생김새, 짝짓기, 둥지, 알, 새끼 치기, 우리나라에 오는 때, 볼 수 있는 곳 들의 내용을 순서대로 담았습니다. 뒤쪽에는 '더 알아보기'를 마련해 새의 몸과 생태에 대한 구체적인 정보를 정리했습니다.

5. 새 이름 옆에는 학명을 덧붙였습니다. 학명은 전 세계 사람들이 생물에 공통으로 붙여 놓고 쓰는 이름입니다. 라틴 어로 되어 있고 앞에는 속 이름, 뒤에는 종 이름을 씁니다.

6. 개체 정보에 나오는 '몸길이'는 새 몸에서 나오는 가장 긴 길이를 가리킵니다. 참새처럼 다리가 짧은 새들은 부리 끝부터 꼬리 끝까지 뻗었을 때의 길이를 재고, 두루미처럼 다리가 긴 새들은 부리 끝부터 발끝까지 뻗었을 때의 길이를 잽니다.

7. 본문 보기

- **이름**
- **학명/영명**
- **목과 분류** 개체의 목과 과를 산새는 황토색, 물새는 청록색으로 보여 주었습니다.
- **산새/물새** 주로 사는 곳에 따라 산새와 물새로 나누어 표시했습니다.
- **정보 상자** 사는 곳, 먹이, 볼 수 있는 나라, 볼 수 있는 계절에 따른 구분 같은 정보를 따로 묶었습니다.

텃새

한 해 내내 우리나라에 살아서 자주 볼 수 있는 새다. 참새, 까치, 멧비둘기, 황조롱이, 오색딱따구리, 딱새, 원앙, 괭이갈매기, 흰뺨검둥오리 들이 있다.

여름 철새

봄에 우리나라에 와서 여름 동안 알을 낳고 새끼를 치는 새다. 제비, 뻐꾸기, 꾀꼬리, 물총새, 노랑할미새, 해오라기, 왜가리, 노랑부리백로 들이 있다.

겨울 철새

가을에 우리나라를 찾아와 겨울을 나는 새다. 청둥오리, 가창오리, 쇠기러기, 혹고니, 독수리, 말똥가리, 쇠부엉이, 재두루미, 황오리 들이 있다.

나그네새

봄가을에 이동하면서 우리나라에 들러 쉬어 가는 새다. 마도요, 꺅도요, 좀도요, 청다리도요 같은 도요 무리와 개꿩, 댕기물떼새, 울새, 유리딱새 들이 있다.

우리나라의 새

우리나라는 지리적으로 동아시아의 길목에 자리하고 있다. 삼면이 바다로 둘러싸여 있고, 갯벌이 넓은 데다 북쪽과 동쪽에는 높고 큰 산이 많으며, 중부와 서부 지방에는 넓은 들이 펼쳐져 있다. 이런 자연환경은 새가 살아가는 데 가장 중요한 먹이가 풍부해서 새들이 이동하다 쉬어 가거나 평생 동안 머물러 살기에 알맞다. 갯벌에는 물고기와 조개류를 비롯한 여러 가지 바다 생물이 살고, 산에는 벌레와 나무 열매, 작은 짐승들이 있으며, 들에는 풍성하게 자라는 곡식이나 떨어진 낟알이 흔하다. 특히 서해안 갯벌은 수많은 철새들이 이동하는 길 중간에 있다. 그래서 새들이 갖가지 먹이를 먹고 쉬면서 목적지까지 날아갈 힘을 낼 수 있는 중요한 장소가 되고 있다.

지구에 사는 9,000종쯤 되는 새 가운데 우리나라에서 볼 수 있는 새는 모두 600종쯤 된다. 이 새들은 우리나라 안에서 오가거나 자리 잡고 살기도 하고, 계절에 따라 다른 나라로 갔다가 돌아오기를 되풀이하기도 한다. 다른 나라에 비해 찾아오는 철새 수가 많은 편이라 계절에 따라 여러 철새를 만날 수 있다. 한 철을 지내며 짝짓기를 하고 새끼를 치는 여름 철새와, 다른 나라에서 새끼를 치고 겨울을 나러 오는 겨울 철새 말고도 이동하는 도중에 잠시 쉬어 가는 나그네새도 적지 않다.

그런데 나날이 자연환경이 파괴되면서 새들의 보금자리와 먹이가 줄어들고 있다. 자연히 개체 수도 줄고 있으며, 크낙새 같은 새는 이미 멸종해 버렸다. 대신 지구 온난화로 인해 예전에는 볼 수 없었던 따뜻한 나라 새들이 우리나라에 나타나고 있다. 새가 모두 사라져 버리기 전에 우리는 끊임없는 관심과 관찰, 연구를 통해 새와 함께 살아갈 수 있는 방법을 고민해야 할 것이다.

텃새

한 해 내내 우리나라 안에서 사는 새를 텃새라고 한다. 알을 깨고 태어나서부터 죽을 때까지 일정 지역을 크게 벗어나는 일 없이 한곳에서 살기 때문에 한 해 내내 볼 수 있다. 여름에는 보다 서늘한 북쪽이나 중부 지방에서 지내다가 겨울이 되면 따뜻한 남쪽 바닷가로 옮겨 살기도 하고, 새끼 칠 때는 깊은 숲 속이나 낮은 산에 있다가 겨울이 되면 먹이를 찾아 마을과 도시로 내려오기도 한다.

시골의 낮은 산과 마을 둘레를 옮겨 다니며 사는 새로는 참새, 까마귀, 굴뚝새, 종다리, 딱새, 노랑턱멧새, 까치, 때까치, 멧새 들이 있다. 이런 새들은 낮은 산에서 새끼를 치고 겨울이면 마을 둘레를 돌아다니며 먹이를 찾는다. 사람 사는 집 처마나 다리 틈, 논밭 가에 있는 나뭇가지 같은 곳에 둥지를 틀기도 한다.

논이나 연못, 저수지, 계곡 같은 민물에 사는 텃새로는 흰뺨검둥오리, 원앙, 물닭 들이 있다. 미꾸라지 같은 작은 물고기나 곤충을 잡아먹고 산다. 물 위에 물풀을 쌓아 둥지를 짓기도 하고, 높은 나무 위에 나뭇가지를 쌓아 짓기도 한다. 원앙은 다른 오리과 새들과는 달리 나무 구멍을 둥지로 쓴다.

산속에서는 딱따구리 무리를 비롯해 박새, 어치, 동고비, 곤줄박이, 붉은머리오목눈이, 호랑지빠귀, 직박구리, 올빼미 같은 새들이 산다. 숲 속에 날아다니는 곤충과 애벌레, 나무 열매, 씨앗을 비롯해 쥐나 작은 새를 먹이로 삼는다. 새끼를 치고 나면 거의 마을 둘레나 낮은 산 개울가로 내려와 지낸다.

참새, 까치, 직박구리, 비둘기 무리는 도시에서도 자주 볼 수 있는 텃새다. 도시 강가에서는 겨울이면 적지 않은 오리과 새들이 찾아와 겨울을 난다.

철새

텃새처럼 한 해 내내 한곳에서 살지 않고 계절에 따라 이동하며 사는 새를 철새라고 한다. 철새가 먼 거리를 이동하며 사는 데에는 크게 두 가지 이유가 있다. 첫째는 먹이가 보다 많은 곳을 찾기 때문이고, 둘째는 날씨가 보다 살기 좋은 곳을 찾기 때문이다. 우리나라에 찾아와 머무는 계절에 따라 여름 철새와 겨울 철새로 나눈다.

여름 철새

여름 철새는 봄에 우리나라에 와서 짝짓기를 하고 새끼를 친 다음, 가을이 오면 따뜻한 남쪽으로 가서 겨울을 나는 새를 말한다. 이르면 3월 초부터 찾아왔다가 10월 말이면 거의 다 떠난다. 흔히 동남아시아와 우리나라를 오가며 지내는데, 멀리 가는 새는 오스트레일리아까지 다녀오기도 한다.

우리나라를 찾는 여름 철새 가운데 산새로는 제비, 뻐꾸기, 꾀꼬리, 파랑새, 물총새, 호반새, 개개비 들이 있고, 물새로는 덤불해오라기, 왜가리, 노랑부리백로 들이 있다. 겨울 철새에 비해 몸 색이 알록달록하고 화려한 새가 많다.

겨울 철새

겨울 철새는 가을에 우리나라를 찾아와 겨울을 나고 이듬해 봄에 북쪽으로 가서 새끼를 치는 새다. 9월부터 시작해 10~11월에 가장 많이 찾아왔다가 이듬해 3월이면 거의 다 떠난다. 몽골, 러시아와 우리나라를 오간다.

우리나라를 찾는 겨울 철새 가운데 가장 많은 것은 오리과 새다. 바다에서는 흰뺨오리, 흰죽지, 비오리 들을 볼 수 있고, 강이나 호수 같은 민물에서는 청둥오리, 가창오리, 고방오리, 혹부리오리 같은 새들을 볼 수 있다. 독수리, 말똥가리, 콩새, 쑥새, 황새, 기러기, 고니, 두루미도 겨울에 볼 수 있는 우리나라 철새다.

나그네새

 봄가을에 새끼를 치거나 겨울을 나려고 우리나라보다 북쪽이나 남쪽으로 먼 거리를 이동하는 도중에 중간 지점인 우리나라에 잠시 들러 쉬었다 가는 새다. 이동하는 길에 거쳐 가는 새라고 통과새라고 부르기도 한다. 흔히 여름에는 중국 북부, 러시아, 알래스카 같은 한반도 북쪽에서 새끼를 치고 겨울에는 중국 남부, 동남아시아, 오스트레일리아 같은 한반도 남쪽으로 이동해 겨울을 난다.

 물새 가운데 도요 무리는 거의가 나그네새다. 꺅도요, 마도요, 알락꼬리마도요, 좀도요, 민물도요, 삑삑도요, 넓적부리도요 같은 수많은 도요들이 봄가을마다 갯벌이 넓은 서해안을 찾는다. 긴 부리로 갯벌 바닥을 꾹꾹 찌르거나 물을 따라 걸으면서 조개나 새우, 달팽이, 올챙이, 지렁이, 벌레 들을 잡아먹는다. 갯벌에 사는 여러 가지 생물들은 새한테 좋은 먹이가 된다. 도요들은 이것들을 먹으면서 지친 몸을 쉬고 다시 날아갈 힘을 얻는다. 개꿩이나 댕기물떼새, 흰물떼새도 도요 무리와 함께 갯벌에서 먹이를 먹고 쉬다가 다시 먼 길을 떠나는 나그네새다.

 산새 가운데서는 울새나 유리딱새, 진홍가슴 들이 봄가을에 우리나라에 들른다. 산맥을 따라 이동하고 서해를 건너면서 남북을 오가는데, 그러다가 지쳐 섬에서 쉬는 모습을 볼 수 있다.

120종 목과 분류

목	과	개체명
닭목	꿩과	꿩
기러기목	오리과	개리 큰기러기 쇠기러기 혹고니 큰고니 혹부리오리 원앙 청둥오리 흰뺨검둥오리 고방오리 가창오리 흰죽지 흰뺨오리 비오리
아비목	아비과	아비
논병아리목	논병아리과	논병아리 뿔논병아리
황새목	황새과	황새
사다새목	저어새과	따오기 노랑부리저어새 저어새
사다새목	백로과	덤불해오라기 해오라기 황로 왜가리 노랑부리백로
가마우지목	가마우지과	가마우지
매목	매과	황조롱이 매
수리목	수리과	물수리 솔개 독수리 참매 말똥가리

목	과	개체명
두루미목	뜸부기과	뜸부기 물닭
	두루미과	재두루미 흑두루미 두루미
도요목	검은머리물떼새과 장다리물떼새과 물떼새과	검은머리물떼새 장다리물떼새 댕기물떼새 개꿩 꼬마물떼새 흰물떼새
	도요과	깍도요 마도요 청다리도요 삑삑도요 좀도요 민물도요
	갈매기과	괭이갈매기 붉은부리갈매기 검은머리갈매기 제비갈매기
비둘기목	비둘기과	멧비둘기
두견이목	두견이과	뻐꾸기 벙어리뻐꾸기
올빼미목	올빼미과	소쩍새 수리부엉이 올빼미 솔부엉이 쇠부엉이
쏙독새목	쏙독새과	쏙독새
파랑새목	파랑새과 물총새과	파랑새 호반새 청호반새 물총새
	후투티과	후투티

목	과	개체명
딱따구리목	딱따구리과	쇠딱따구리
		오색딱따구리
		크낙새
		청딱따구리
참새목	꾀꼬리과	꾀꼬리
	까마귀과	어치
		까치
		까마귀
	여새과	홍여새
	박새과	박새
		진박새
		곤줄박이
		쇠박새
	제비과	제비
		귀제비
	오목눈이과	오목눈이
	종다리과	뿔종다리
		종다리
	직박구리과	직박구리
	휘파람새과	휘파람새
		개개비
		산솔새
	붉은머리오목눈이과	붉은머리오목눈이
	동박새과	동박새
	상모솔새과	상모솔새
	굴뚝새과	굴뚝새
	동고비과	동고비
	찌르레기과	찌르레기
	지빠귀과	호랑지빠귀
		흰배지빠귀
		노랑지빠귀
		개똥지빠귀
	솔딱새과	울새
		유리딱새
		딱새
		바다직박구리
		흰눈썹황금새
		큰유리새
	물까마귀과	물까마귀

목	과	개체명
	참새과	참새
	할미새과	노랑할미새
		알락할미새
	되새과	되새
		방울새
		양진이
		솔잣새
		멋쟁이
		콩새
	멧새과	멧새
		노랑턱멧새

꿩 *Phasianus colchicus* / Ring-necked Pheasant

닭목 꿩과

꿩이라는 이름은 꿩이 놀라서 날아오를 때 '꿔꿩, 꿩' 하고 소리 내는 데서 나왔다. 예로부터 사냥도 많이 하고 친근한 새라 이름도 여러 가지다. 수컷은 장끼, 암컷은 까투리, 새끼는 꺼병이라고 부른다.

둘레가 트인 풀밭이나 산기슭에 산다. 암수가 짝을 지어 산기슭을 걸으면서 먹이를 찾는다. 여름에는 벌레나 애벌레를 잡아먹고 겨울에는 풀씨를 먹는다. 밤에는 나무 위에 올라가 잔다. 날 수는 있지만 먼 거리를 오가는 새가 아니라 한 번에 오래 날지는 못한다.

몸길이는 수컷이 80cm, 암컷은 60cm쯤 되는데 꽁지가 길다. 수컷은 머리 꼭대기가 갈색, 가슴과 배는 적갈색이다. 짝짓기 때는 눈가에 닭 볏 같은 붉은색 피부가 드러나고, 머리 양쪽에는 검은색 깃이 뿔처럼 돋는다. 목에는 흰색 띠가 있는데, 그 위쪽은 진한 녹색이고 아래쪽 가슴과 등은 갈색과 황갈색이 섞인 바탕에 검은 점이 흩어져 있다. 날개와 허리에는 푸른색 깃이 섞여 있고, 발목 뒤쪽에는 날카로운 며느리발톱이 있다. 암컷은 온몸이 황갈색 바탕에 흑갈색과 검은색 무늬가 있다.

2월부터 짝짓기를 한다. 수컷은 눈 둘레의 붉은색 피부를 부풀린 채 '꿱, 꿱' 하는 소리를 내면서 암컷을 찾는다. 둥지는 산기슭이나 풀밭에 몸을 대고 비벼서 땅을 오목하게 판 뒤 마른 풀잎을 깔아 만든다. 회갈색 알을 6개에서 18개까지 낳는다. 우리나라에서는 한 해 내내 어디서나 볼 수 있으며 특히 제주도에 많이 산다.

사는 곳 풀밭, 산기슭, 논밭
먹이 콩, 풀씨, 벌레, 애벌레
분포 우리나라, 중국, 일본, 몽골, 유럽
구분 텃새

개리 *Anser cygnoides* / Swan Goose

기러기목 오리과

개리는 집에서 키우는 거위의 조상으로 학명은 백조와 비슷하게 생긴 기러기라는 뜻이다. 북녘에서는 물개리라고 한다.

바닷가 갯벌이나 호수, 늪 같은 물가에 산다. 아침저녁으로 무리 지어 논과 갯벌을 걸어 다니면서 먹이를 찾는다. 부리로 갯벌 바닥을 헤집으며 쉴 새 없이 움직인다. 논밭에 떨어진 낟알은 물론이고 갯벌에 있는 물풀과 조개도 찾아 먹는다. 갯벌에서 풀뿌리를 찾을 때는 부리로 갯벌 바닥을 50cm쯤 깊게 파느라 부리에 개흙이 잔뜩 묻곤 한다.

몸길이는 90cm쯤 되는데 수컷 몸집이 좀 더 크다. 목이 길고 색이 갈색과 흰색으로 뚜렷하게 나뉜다. 머리 꼭대기와 눈 둘레, 목덜미까지는 진한 갈색이고 먹은 흰색을 띤다. 부리 위에는 흰색 띠가 있다. 몸통은 갈색 바탕에 흰색 줄무늬가 있으며 아랫배는 흰색이다. 다리는 주황색이다.

5~6월에 몽골과 러시아의 강가나 풀밭, 호수 둘레에서 짝짓기를 하고 새끼를 친다. 움푹 파인 땅바닥에 마른풀을 쌓아 접시처럼 둥글넓적한 둥지를 튼다. 흰색 알을 5개 낳는다. 새끼를 치고 나면 우리나라를 비롯한 중국, 일본으로 옮겨 겨울을 난다. 천연기념물 제325-1호이자 멸종 위기 2급이며, 세계적으로 보호하고 있는 새다.

사는 곳 갯벌, 호수, 늪, 논, 갈대밭
먹이 물풀, 벼, 보리, 밀, 조개
분포 우리나라, 중국, 일본, 몽골, 시베리아
구분 겨울 철새

큰기러기 *Anser fabalis* / Bean Goose

기러기목 오리과

우리나라를 찾는 기러기는 거의가 큰기러기와 쇠기러기다. 두 기러기 가운데 몸집이 더 크다고 큰기러기라는 이름이 붙었다.

논이나 민물에서 무리 지어 산다. 아침저녁으로 논에 가서 먹이를 찾아 먹고 밤이면 물가로 돌아와 잔다. 밀이나 보리를 비롯한 식물성 먹이를 가리지 않고 먹는다. 쉴 때는 한쪽 다리로 서 있거나 배를 땅에 붙인 채 머리를 뒤로 돌려 등 깃에 파묻는다. 수십에서 수백 마리씩 모여 V 자를 이루며 날고, 내려올 때는 갈지자로 몸을 틀면서 속도를 줄인다.

몸길이는 90cm쯤 된다. 몸 위쪽은 흑갈색이고 아래쪽은 밝은 회색이며, 옆구리에는 흑갈색 비늘무늬가 있다. 부리는 검은데 중간이 노란색을 띠며 다리는 주황색이다. 쇠기러기는 배에 굵고 검은 줄무늬가 많지만 큰기러기는 없어서 날 때도 배를 보고 구별할 수 있다.

4~6월에 러시아 호수에서 짝짓기를 한다. 낮은 언덕에 이끼와 풀을 쌓아 둥지를 만들고 흰색 알을 4~7개 낳는다. 암컷이 한 달쯤 품으면 새끼가 태어난다. 9월 중순부터 50~100마리씩 무리 지어 우리나라로 오기 시작해 11월 초에 가장 많이 온다. 금강이나 우포 늪에 가면 큰기러기 떼를 가까이서 볼 수 있다. 날씨가 많이 추워지면 더 따뜻한 남쪽으로 이동하는 무리가 있어 수가 많이 준다. 멸종 위기 2급이다.

사는 곳 논, 강, 연못, 저수지, 호수
먹이 벼, 보리, 밀, 물풀, 감자, 고구마
분포 우리나라, 중국, 일본, 시베리아
구분 겨울 철새

쇠기러기 *Anser albifrons* / Greater White-fronted Goose

기러기목 오리과

쇠기러기는 우리나라에서 가장 흔히 볼 수 있는 기러기다. 이름에 '쇠' 자가 들어가는 것은 큰기러기에 비해 몸집이 작기 때문이다. 북녘에서도 쇠기러기라고 부른다. 학명은 이마가 흰 기러기라는 뜻이다.

흔히 논이나 물가에서 무리 지어 산다. 낮에는 파도가 잔잔한 바닷가나 호수에서 한쪽 다리로 선 채 머리를 뒤로 돌려 등 깃에 파묻고 잔다. 아침저녁으로는 논으로 날아가 걸어 다니면서 먹이를 찾는다. 부리로 논바닥을 헤집으며 볍씨나 풀뿌리를 찾아 먹는다. 날 때는 바닥에서 곧바로 날아오르고 여럿이 모여 V 자를 이룬다.

몸길이는 75cm쯤 된다. 몸은 어두운 갈색을 띠는데 가슴과 배는 더 연하고 검은색 가로 줄무늬가 많다. 분홍색 부리 위에는 흰색 띠가 있어 큰기러기와 구별할 수 있다. 흰이마기러기도 쇠기러기와 비슷하지만 이마에 있는 흰색 띠가 더 넓고 몸집은 작다.

5~7월에 시베리아에서 짝짓기를 한다. 풀밭에 마른풀, 이끼, 깃털을 쌓아 접시처럼 생긴 둥지를 만든다. 알은 흰색인데 하루에 하나씩, 많게는 7개까지 낳는다. 한 달 가까이 알을 품으면 새끼가 태어나고 다시 두 달쯤 키우면 새끼는 둥지를 떠난다. 우리나라에는 10월쯤 찾아온다. 많은 무리가 금강이나 주남 저수지, 서산 천수만에서 겨울을 나고 이듬해 봄이면 북쪽으로 떠난다.

사는 곳 논, 호수, 강, 바닷가, 갯벌
먹이 풀, 씨앗, 풀뿌리, 벌레
분포 우리나라, 중국, 시베리아, 유럽
구분 겨울 철새

혹고니 *Cygnus olor* / Mute Swan

기러기목 오리과

이마와 콧등 사이에 검은 혹이 달려 있어서 혹고니라고 부른다.

호수에서 30마리 안팎으로 무리 지어 산다. 호숫가에 자라는 물풀을 즐겨 먹는다. 물속에 머리를 넣어서 물풀을 뜯은 다음 수면과 부리를 나란히 두고 먹는다. 큰고니 무리와 섞여 지내기도 하는데, 큰고니가 울음소리를 자주 내서 시끄러운 데 비해 혹고니는 조용하다. 그러나 짝짓기 무렵이면 영역을 지키려고 큰 소리를 내면서 다른 새들을 쫓아내곤 한다.

몸길이는 152cm쯤으로 고니 무리 가운데 몸집이 가장 크다. 암수 모두 몸이 흰색이고 다리는 검은색이다. 큰고니와 고니는 부리가 노란색이지만 혹고니는 주황색 부리에 검은 혹이 있어서 쉽게 구별된다. 혹은 태어난 지 한 해가 지난 겨울이 되어야 생기는데, 봄에는 부리와 비슷한 붉은색을 띠다가 겨울이 되면 검어진다. 짝짓기 무렵에는 혹이 더욱 커진다.

3~5월에 러시아 호숫가에서 짝짓기를 한다. 갈대가 우거지고 축축한 땅에서 갈대와 나뭇가지를 쌓아 밥그릇처럼 둥근 둥지를 짓는다. 알은 5~7개 낳는데 청백색을 띤다. 새끼가 태어나면 네 달에서 다섯 달 동안 기른다. 몸집이 큰 만큼 자라는 시간도 오래 걸린다. 동해안 둘레 저수지에서 겨울을 난다. 갈수록 수가 줄어 한 해에 찾아오는 수가 200마리도 채 되지 않는다. 천연기념물 제201-3호이자 멸종 위기 1급으로 지정하고 있다.

사는 곳 호수
먹이 물풀, 물벌레, 조개
분포 우리나라, 중국, 일본, 몽골
구분 겨울 철새

큰고니 *Cygnus cygnus* / Whooper Swan

기러기목 오리과

큰고니는 고니 무리 가운데 몸집이 큰 새라고 붙인 이름이다. 하지만 우리나라에 찾아오는 고니 가운데 몸집이 가장 큰 새는 혹고니다. 큰고니 수가 훨씬 많고 고니보다는 몸집이 크기 때문에 이런 이름이 붙었다. 시끄러운 소리를 자주 내서 영어 이름에는 시끄러운 고니라는 뜻이 담겨 있다.

흔히 호수나 강 같은 민물에 산다. 목을 굽히고 헤엄치는 혹고니와는 달리 목을 곧게 세우고 헤엄친다. 쉬거나 잠을 잘 때는 한쪽 다리로 선 채 머리를 뒤로 돌려 등 깃에 파묻는다. 물 위를 빠르게 달음질치면서 날아오르고 물갈퀴 달린 발을 물 위에 대며 내려앉는 모습이 마치 비행기가 뜨고 내리는 모습과 비슷하다. 긴 목을 물속 깊이 넣어 우렁이나 물고기를 잡아먹는다.

몸길이는 140cm쯤 되고 암수가 비슷하게 생겼다. 온몸이 흰색이고 노란색 부리는 끝이 검은색을 띤다. 목은 가늘고 길며 다리는 검은색이다.

5~6월에 우리나라보다 서늘한 유럽이나 몽골, 시베리아 물가에서 짝짓기를 한다. 둥지는 물가 굴속이나 땅 위에 지푸라기와 나뭇잎을 화산처럼 쌓아 짓는다. 흰색 알을 3~7개 낳아 품으면 새끼가 태어난다. 고니 무리가 다 그렇듯 큰고니도 한 번 짝짓기를 하면 평생 짝을 바꾸지 않는다고 한다. 늦가을에 우리나라를 찾아와 을숙도나 주남 저수지에서 겨울을 난다. 천연기념물 제201-2호이자 멸종 위기 2급이다.

사는 곳 호수, 강, 논, 연못, 바닷가, 저수지
먹이 우렁이, 조개, 물고기, 물풀, 물벌레
분포 우리나라, 일본, 몽골, 인도, 러시아
구분 겨울 철새

혹부리오리 *Tadorna tadorna* / Common Shelduck

기러기목 오리과

혹부리오리는 짝짓기 무렵이면 수컷의 위쪽 부리에 붉은 혹이 생기기 때문에 붙은 이름이다. 북녘에서는 꽃진경이라고 한다.

강어귀 갯벌이나 바다에서 30~100마리씩 큰 무리를 지어 산다. 낮에는 바닷물 위에서 머리를 물속에 넣거나 갯벌에서 개흙을 부리로 헤치면서 조개나 물고기를 잡아먹는다. 해가 지면 논밭으로 날아가 한쪽 다리로 선 채 머리를 뒤로 돌려 등 깃에 파묻고 잔다.

몸길이는 60cm쯤 되고 암수가 비슷하게 생겼다. 머리부터 목까지는 검은색인데, 햇빛을 받으면 녹색 빛이 난다. 부리는 붉은색이다. 가슴과 배는 흰색인데 가슴과 등 위쪽에는 넓은 적갈색 띠가 있고 배 가운데에는 검은색 세로띠가 있다. 다리는 분홍색이다.

3~5월에 북유럽이나 몽골, 러시아에서 짝짓기를 한다. 바닷가나 호수 둘레에 있는 동굴이나 나무 구멍을 둥지로 삼고 가슴과 배에 있는 깃털을 뽑아 바닥에 깐다. 황백색 알은 8개에서 16개까지 낳는데 한 달쯤 품으면 새끼가 나온다. 가을에 우리나라를 비롯한 중국 남부와 일본, 아프리카 북부를 찾는다. 낙동강 하류 철새 도래지에서는 해마다 1,000마리쯤 되는 혹부리오리 무리가 겨울을 나고 이듬해 봄에 다시 새끼를 치러 북쪽으로 날아간다.

사는 곳 갯벌, 바다, 강어귀, 냇가, 호수
먹이 조개, 물고기, 달팽이, 개구리, 물벌레
분포 우리나라, 중국, 일본, 몽골, 러시아, 유럽
구분 겨울 철새

원앙 *Aix galericulata* / Mandarin Duck

원앙은 금실 좋은 부부를 상징하는 새로 많이 알려져 있다. 그러나 실제로는 암컷이 알을 낳으면 수컷이 다른 암컷을 찾아 떠나고, 남은 암컷 혼자서 새끼를 기른다고 한다.

산속 계곡이나 연못에 무리 지어 산다. 여름에는 암수가 함께 살면서 짝짓기를 하고 겨울에는 다른 원앙들과 섞여 지낸다. 낮에는 바위틈이나 나뭇가지 위에서 머리를 등 깃에 파묻고 한쪽 다리를 든 채 잠을 잔다. 땅 위에서 걷거나 헤엄치면서 먹이를 찾는데 흔히 물벌레나 나무 열매를 먹는다.

몸길이는 45cm쯤 된다. 짝짓기 할 무렵에는 수컷 깃이 화려하다. 진한 녹색 머리에 자주색 깃이 나고 가슴은 적갈색인데 부채꼴 깃이 있다. 은행 깃이라고 부르는 노란 날개깃이 위로 솟아 있어 알록달록한 몸에 빛깔을 더한다. 그에 비해 암컷은 수수하다. 몸 위쪽은 회갈색이고 아래쪽은 흰색이다. 짝짓기가 끝나면 수컷도 암컷과 비슷하게 바뀌지만 부리는 그대로 붉은색이라 부리를 보고 암수를 구별할 수 있다.

4~5월에 우리나라에서 짝짓기를 한다. 수컷은 뒤통수에 길게 뻗은 댕기 깃을 펼치고 머리를 앞으로 숙이는 짓을 되풀이하면서 암컷 눈길을 끈다. 나무 구멍에 둥지를 틀고 알을 7~12개 낳는다. 우리나라에서 한 해 내내 사는 텃새지만 겨울이면 북쪽에서 찾아오는 무리가 있어 수가 더 늘어난다. 천연기념물 제327호다.

사는 곳 계곡, 연못, 저수지
먹이 나무 열매, 달팽이, 물고기, 벌레
분포 우리나라, 중국, 일본, 영국
구분 텃새

청둥오리 *Anas platyrhynchos* / Mallard

기러기목 오리과

청둥오리는 우리나라 물가 어디서든 흔히 볼 수 있는 새 가운데 하나다. 청둥오리의 '청둥'은 짝짓기 무렵 수컷의 녹색 머리를 뜻한다. 옛날에는 들오리, 물오리, 참오리 들로 불렀고 북녘에서는 청뒹오리라고 한다. 학명은 부리가 넓은 오리라는 뜻이다.

강이나 바다에서 산다. 흔히 낮에는 물가에서 쉬다가 해 질 무렵 논으로 날아가 낟알을 먹는다. 얕은 물에서 풀포기를 헤집거나 물속으로 물구나무서서 작은 물고기를 잡아먹기도 한다. 뒤뚱뒤뚱하며 안짱걸음으로 걷고, 무리 지어 하늘을 난다.

몸길이는 58cm쯤 되는데 수컷 몸집이 암컷보다 조금 더 크다. 수컷은 머리가 초록색인데 햇빛을 받으면 반짝거린다. 몸통은 갈색과 연한 회색이 섞여 있다. 노란색 부리와 주황색 다리가 몸 색과 대비를 이룬다. 암컷 몸은 갈색 바탕에 흑갈색 무늬가 있고 부리는 주황색과 검은색이 섞여 있다. 짝짓기가 끝난 수컷은 몸 색이 암컷과 비슷해진다.

4~7월에 러시아에서 짝짓기를 한다. 낮은 나무 위에 마른풀과 솜털로 둥지를 틀고 알을 6개에서 12개까지 낳는다. 암컷이 한 달쯤 품으면 새끼가 나온다. 가을에 우리나라를 찾아와 겨울을 나는데, 가창오리 다음으로 많은 수가 머무른다. 우리나라 안에서 이동하면서 한 해 내내 사는 무리도 있다.

사는 곳 강, 바다, 냇가, 들
먹이 낟알, 물풀, 물고기, 나무 열매, 벌레
분포 우리나라, 중국, 일본, 동남아시아
구분 겨울 철새

흰뺨검둥오리 *Anas poecilorhyncha* / Spot-billed Duck

기러기목 오리과

흰뺨검둥오리는 몸 색은 어두운데 얼굴은 밝게 보여서 붙은 이름이다. 멀리서 보면 몸은 검은색이고 머리는 흰색으로 보인다. 우리나라에서 터를 잡고 산다고 해서 터오리라고도 한다. 북녘에서는 검독오리라고 한다. 부리가 검고 끝에 노란 점이 있어 영어 이름도 부리에 점이 있는 오리라는 뜻이다.

호수나 강에서 산다. 암수가 함께 지내다가 짝짓기가 끝나면 큰 무리를 짓는다. 얕은 물을 부리로 휘저으면서 물고기나 개구리를 잡아먹고 논에서 풀씨를 먹기도 한다. 동물과 식물을 가리지 않고 먹는 잡식성이다. 평소에는 나는 일이 드물지만 위험을 느끼면 날아서 도망간다.

몸길이는 60cm쯤 된다. 등과 날개는 어두운 갈색이고 가슴과 배는 흰색이다. 머리와 목은 연한 갈색인데 머리 꼭대기는 검고 눈가에도 검은 줄이 있다. 다리는 밝은 주황색을 띤다.

4~7월에 우리나라에서 짝짓기를 한다. 물가 풀숲에 마른풀과 지푸라기로 접시처럼 생긴 둥지를 만들고 바닥에는 털을 깐다. 흰색 알을 10개쯤 낳아 암컷이 26일 동안 품으면 새끼가 나온다. 갓 나온 새끼는 젖은 몸이 마르면 곧 어미를 따라 걷거나 헤엄치면서 먹이를 찾는다. 한 해 내내 사는 새지만 겨울이면 북쪽에서 살던 무리가 내려와 수가 더 늘어난다. 우리나라에서 가창오리와 청둥오리 다음으로 많이 볼 수 있는 새다.

사는 곳 호수, 논, 강, 낮은산
먹이 물고기, 나무 열매, 물풀, 낟알
분포 우리나라, 중국, 일본, 러시아
구분 텃새

고방오리 *Anas acuta* / Northern Pintail

기러기목 오리과

고방오리는 짝짓기 무렵에 털갈이한 수컷 모습이 마치 길게 땋아 늘어뜨린 머리인 고방 머리를 한 것 같다고 해서 붙은 이름이다. 영어 이름에는 꽁지가 핀처럼 길고 뾰족한 수컷의 특징이 담겨 있다. 북녘에서는 가창오리라고 부른다.

저수지나 물이 고인 논에 산다. 고방오리끼리 무리를 짓기도 하지만 청둥오리, 흰뺨검둥오리, 쇠오리 들과 섞이는 때가 더 많다. 낮에는 물 위나 모래밭 둘레에서 쉬고 밤에는 먹이를 찾아다닌다. 물 위에서 물구나무선 채로 물고기를 잡아먹거나 물풀을 뜯어 먹는다.

수컷은 몸길이가 75cm쯤 된다. 머리와 목덜미는 진한 갈색이고 멱과 가슴은 흰색이다. 등과 옆구리는 회색, 날개깃은 흑갈색을 띤다. 꽁지는 검은색인데 가운데 깃이 가늘고 길게 자란다. 부리와 다리는 검은색이다. 암컷은 몸집이 좀 작아서 몸길이가 53cm쯤 된다. 온몸이 갈색 바탕에 흑갈색 무늬가 있으며 꽁지 길이도 수컷보다 짧다.

5~7월에 러시아 북쪽 풀밭에 둥지를 튼다. 황록색이나 황백색 알을 9개쯤 낳아 21일쯤 품는다. 가을에 우리나라로 찾아온다. 충남 서산 AB 지구와 서울 중랑천에서는 해마다 고방오리 수백 마리가 모여 겨울을 나는 모습을 볼 수 있다. 이듬해 봄이 오면 새끼를 치러 다시 북쪽으로 날아간다.

사는 곳 저수지, 논, 연못, 호수, 냇가
먹이 물고기, 달팽이, 낟알, 물풀
분포 우리나라, 중국, 일본, 러시아, 미국, 유럽
구분 겨울 철새

가창오리 *Anas formosa* / Baikal Teal

기러기목 오리과

가창오리는 짝짓기 무렵이면 수컷 얼굴에 노란색과 녹색이 태극 무늬처럼 어우러져 나타난다. 그래서 북녘에서는 태극오리 또는 반달오리라고 부른다. 북녘에도 가창오리라고 부르는 새가 있는데, 재미있게도 그것은 우리가 말하는 고방오리다.

강이나 호수에서 무리를 지어 산다. 낮에는 자거나 쉬다가 해 질 무렵이 되면 무리 지어 논으로 날아간다. 여럿이 논바닥을 헤집어 먹이를 찾으면서도 질서 있게 한쪽으로만 나아간다. 논에서 벼 낟알을 비롯한 풀씨를 자주 먹고 물고기 같은 동물성 먹이도 먹는다.

몸길이는 40cm쯤 된다. 수컷은 몸 위쪽이 갈색이고, 옆쪽은 회색, 아래쪽은 흰색이다. 주황색과 검은색이 섞인 어깨깃이 옆구리까지 내려온다. 부리는 검은색이고 다리는 회갈색을 띤다. 짝짓기 때가 되면 얼굴에 노란색과 초록색이 섞인 태극 무늬가 생긴다. 암컷은 몸이 갈색 바탕이고 흑갈색 무늬가 있다. 부리가 시작되는 쪽에 수컷한테는 없는 흰색 점이 있다.

4~7월에 러시아에서 짝짓기를 한다. 물가 풀밭에 지푸라기와 나뭇잎으로 접시처럼 생긴 둥지를 만들고, 바닥에는 가슴 털을 뽑아서 깐다. 회갈색 알을 8개쯤 낳아 품고 기른다. 가을에 전 세계에 사는 가창오리 가운데 95%가 우리나라로 온다. 수십만 마리에 이르는 새들이 주남 저수지, 천수만, 영암호, 금강호 들에서 겨울을 나고 이듬해 봄이면 북쪽으로 돌아간다.

사는 곳 강, 호수, 논밭
먹이 풀씨, 낟알, 새싹, 지렁이, 물고기
분포 우리나라, 중국, 일본, 러시아
구분 겨울 철새

흰죽지 *Aythya ferina* / Common Pochard

기러기목 오리과

'죽지'는 팔과 어깨가 맞닿은 곳, 곧 날개가 몸에 붙은 곳을 말한다. 흰죽지는 이 부분이 멀리서 보면 흰색을 띠어서 이런 이름이 붙었다. 북녘에서는 흰죽지오리라고 부른다.

거의 호수나 바닷물 위에 떠서 지낸다. 댕기흰죽지나 검은머리흰죽지 무리와 섞여 다닐 때가 많다. 땅 위로 올라오면 가슴을 내민 채 뒤뚱거리면서 걷는데 속도가 빠르지는 않다. 헤엄치거나 잠수를 해서 물속에 있는 물풀을 뜯어 먹고 물고기도 잡아먹는다.

몸길이는 46cm쯤 된다. 수컷은 머리와 목이 적갈색을 띤다. 가슴과 꽁지는 검은색이고 등과 배는 회색이다. 부리는 검은색인데 가운데에 회색 띠가 있다. 짝짓기가 끝나면 암컷과 비슷하게 바뀌지만 눈은 그대로 붉은색이다. 암컷은 온몸이 갈색을 띠는데, 눈도 갈색이라 수컷과 쉽게 구별할 수 있다.

4~6월에 유럽이나 러시아 물가에서 짝짓기를 한다. 물 위나 물가 둘레 풀이 우거진 곳에 갈대나 풀 줄기를 높게 쌓아 둥지를 만든 다음, 자기 가슴 털을 뽑아 바닥에 깐다. 녹회색 알을 6개에서 11개까지 낳아 한 달 가까이 품으면 새끼가 나온다. 가을에 우리나라를 찾아와 겨울을 난다. 낙동강 어귀에서는 해마다 수백 마리씩 겨울을 나는 모습을 볼 수 있다. 중국 남부와 일본, 인도에서도 겨울을 난다.

사는 곳 호수, 저수지, 바다
먹이 물풀, 물벌레, 물고기, 달팽이
분포 우리나라, 중국, 일본, 러시아, 유럽, 인도
구분 겨울 철새

흰뺨오리 *Bucephala clangula* / Common Goldeneye

기러기목 오리과

흰뺨오리는 수컷 뺨에 희고 둥근 무늬가 있어서 붙은 이름이다. 영어 이름에는 '황금빛 눈'이라는 뜻이 들어 있는데, 뺨의 무늬보다는 노란색 눈에 초점을 두어 이름 지은 것으로 보인다.

바다나 강에서 5~10마리씩 작은 무리를 지어 산다. 물속에서 헤엄치면서 벌레부터 물풀까지 온갖 동식물을 다 먹는다. 여유롭게 먹이를 찾다가도 사람이 다가가면 재빨리 발로 물을 차고 날아오른다.

몸길이는 46cm쯤 된다. 수컷은 머리가 청록색인데 햇빛을 받으면 반짝인다. 노란색 눈과 검은색 부리 사이에는 희고 둥근 무늬가 있다. 등과 꼬리는 검은색이고 날개는 흰색 바탕에 검은색 무늬가 있다. 가슴과 배, 옆구리는 흰색이다. 암컷은 머리가 갈색이고 몸통은 회갈색이다. 목에는 흰색 띠가 있다. 눈 색은 수컷과 같지만 부리는 검은색 바탕에 끝이 주황색을 띤다. 짝짓기가 끝나면 수컷은 몸 색이 암컷과 비슷해진다.

4~6월에 러시아 물가에서 짝짓기를 한다. 숲 속 나무 구멍에 가슴 털을 깔아 둥지를 튼다. 청록색 알을 6개에서 15개까지 낳아 한 달쯤 품는다. 새끼는 56~66일이 지나면 다 자란다. 짝짓기와 새끼 치기를 마친 가을에 우리나라를 찾아와 지내다가 이듬해 봄에 떠난다.

사는 곳 바다, 강, 호수
먹이 조개, 달팽이, 벌레, 물고기, 물풀, 씨앗
분포 우리나라, 중국, 일본, 동남아시아, 미국
구분 겨울 철새

비오리 *Mergus merganser* / Common Merganser

기러기목 오리과

비오리는 뒤통수에 난 댕기 깃이 빗은 것처럼 가지런해서 빗오리라고 했던 것이 바뀌어 굳어진 이름이라고 한다. 북녘에서는 갯비오리라고 부른다.

바다비오리와는 달리 강이나 연못 같은 민물에서 무리 지어 산다. 여럿이 한꺼번에 잠수해서 물고기를 몰아가며 잡는다. 부리가 맞닿는 면에 톱날처럼 생긴 돌기가 있어 미끄러운 물고기도 한번 물면 잘 놓치지 않는다. 먹이를 찾아 10m 아래까지 잠수하기도 한다.

몸길이는 66cm쯤 된다. 수컷은 머리가 검은빛이 나는 녹색이고 몸통은 흰색인데, 등과 날개에 검은색 깃이 섞여 있다. 붉은색 부리는 가늘고 길면서 끝이 갈고리처럼 굽어 있다. 암컷은 머리 꼭대기가 밝은 적갈색이고 뒤통수에 댕기 깃이 길게 자란다. 턱과 가슴은 흰색이고 등과 배는 회색을 띤다. 부리는 수컷과 같다.

4~6월에 유럽과 러시아 물가에서 짝짓기를 한다. 바위틈이나 움푹 파인 벼랑, 나무 구멍에 둥지를 틀고 바닥에는 자기 가슴 털을 뽑아 깐다. 알은 흰색인데 7개에서 13개까지 낳는다. 새끼가 나오면 두 달쯤 키운다. 가을에 우리나라를 찾아와 겨울을 난다. 예전에는 한강에서 볼 수 있는 비오리가 1,000마리도 넘었다지만 요즘은 50마리쯤으로 줄었다. 낙동강에서도 100마리쯤 살다가 이듬해 봄이면 북쪽으로 돌아간다.

사는 곳 강, 연못, 저수지, 개울
먹이 물고기, 벌레, 게, 개구리
분포 우리나라, 중국, 일본, 몽골, 러시아, 유럽
구분 겨울 철새

아비 *Gavia stellata* / Red-throated Loon

아비목 아비과

북녘에서는 여름에 목 색이 붉다고 붉은목담아지라고 한다. 영어 이름에도 이런 특징이 담겨 있다.

바다나 강어귀에 사는데 거의 물 위에 떠서 지낸다. 긴 부리를 위로 살짝 들고 있어 멀리서도 알아볼 수 있다. 위험을 느끼면 머리만 물 위로 내민 채 둘레를 살핀다. 다리가 몸 뒤쪽에 붙어 있어 헤엄을 잘 친다. 잠수도 잘해서 물속 10m까지 들어가 길게는 90초까지 견딘다. 잠수해서 물고기를 잡아먹는데, 특히 멸치를 좋아해 멸치 떼를 따라다니곤 한다. 옛날에는 아비 무리가 찾아올 때면 어부들이 멸치를 많이 잡길 바라면서 잔치를 열기도 했다.

몸길이는 63cm쯤으로 아비 무리 가운데 몸집이 가장 작다. 몸 위쪽은 어두운 회색이나 흑갈색 바탕에 흰색 점무늬가 있고 목과 가슴, 배는 흰색이다. 여름에 짝짓기 무렵이 되면 목이 붉은색을 띠고 머리 꼭대기에서 목덜미까지 검은색 줄무늬가 나타난다.

5~6월에 러시아 물가에서 짝짓기를 한다. 짝짓기를 할 때는 수컷이 다른 새를 쫓은 다음 암수가 함께 헤엄치거나 날개를 퍼덕이며 소리를 낸다. 둥지는 움푹한 땅에 물풀이나 진흙을 깔아서 만든다. 알은 2개를 낳는데 갈색 바탕에 진한 갈색 무늬가 있다. 암컷이 24~28일 동안 품어서 새끼가 나오면 암수가 함께 키운다. 가을에 우리나라를 찾아와 제주도와 남해안에서 겨울을 난다. 특히 거제 연안은 천연기념물 제227호로 지정된 아비 도래지다.

사는 곳 바다, 강어귀, 호수, 저수지
먹이 물고기, 새우, 게, 달팽이, 조개
분포 우리나라, 중국, 일본, 러시아, 미국
구분 겨울 철새

논병아리 *Tachybaptus ruficollis* / Little Grebe

논병아리목 논병아리과

논병아리는 논 둘레에 사는, 병아리와 비슷한 새다. 북녘에서는 농병아리라고 부른다.

논이나 호수 같은 민물에 산다. 발에 물갈퀴가 있고 다리가 몸 뒤쪽에 있어 헤엄을 잘 치고 잠수도 잘한다. 물속 6m까지 들어가 물고기나 새우를 잡아먹는다. 봄가을에 이동할 때는 물 위에서 달음질치면서 날아오른다. 내려올 때는 물에 배를 대면서 엉성하게 내려앉는다.

몸길이는 26cm쯤 되는데 논병아리 무리 가운데 몸집이 가장 작고 암수가 비슷하게 생겼다. 겨울에는 머리와 등이 갈색이고 가슴과 배는 흰색이다. 눈은 노란색이고 부리와 다리는 검은색이다. 짝짓기 하는 여름에는 머리와 등이 흑갈색으로 바뀌고 목이 적갈색을 띤다. 치렛깃은 따로 없지만 부리에 있던 노란색 무늬가 더욱 커져 눈에 띈다.

4~7월에 우리나라 물가에서 짝짓기를 한다. '까르르르르르' 하고 높은 소리를 내면서 짝을 찾는데, 암수가 함께 물 위를 빠르게 걷거나 입에 물풀을 물고 춤을 추기도 한다. 저수지 갈대밭에 물풀과 이끼로 둥지를 짓는다. 봉우리가 움푹 파인 둥지는 홍수로 물이 불어도 물 위에 뜬다. 흰색 알을 4개쯤 낳는데, 둥지를 비울 때는 눈에 띄지 않도록 풀잎을 모아 알을 덮는다. 새끼가 태어나면 어미가 등에 태우고 다닌다. 가을에는 몽골과 러시아에서 새끼를 치고 겨울을 나러 오는 무리들이 있어 수가 늘어난다.

사는 곳 논, 호수, 연못, 저수지
먹이 물고기, 새우, 달팽이, 물풀, 물벌레
분포 우리나라, 중국, 일본, 몽골
구분 텃새

뿔논병아리 *Podiceps cristatus* / Great Crested Grebe

논병아리목 논병아리과

뿔논병아리는 짝짓기 무렵이면 뒤통수에 뿔처럼 뾰족한 댕기 깃이 자라는 논병아리다. 북녘에서는 뿔농병아리라고 한다. 학명은 관처럼 생긴 댕기 깃이 있는 새라는 뜻이다.

호수나 강에서 홀로 또는 2~3마리씩 무리 지어 산다. 논병아리처럼 발이 몸 뒤쪽에 치우쳐 있어 잘 걷지 못한다. 흔히 물에서 헤엄치며 물고기나 개구리를 먹고 산다. 물이 얼었을 때는 납작 엎드린 채 뒤에 붙은 다리로 몸을 밀고 다닌다. 몸집에 비해 날개가 작아서 잘 날지도 못하기 때문에 위험을 느끼면 물속으로 숨는 때가 많다.

몸길이는 50cm쯤으로 논병아리 무리 가운데 몸집이 가장 크다. 암수 모두 목이 길고 몸 색도 비슷하다. 겨울에는 머리와 몸 위쪽이 회갈색이고 배는 흰색으로 수수한 편이다. 하지만 짝짓기 하는 여름에는 몸 위쪽이 흑갈색으로 짙어지고 머리에는 흑갈색 댕기 깃이 삐죽삐죽 돋아난다. 적갈색 귀깃도 길게 자라서 눈에 띈다. 부리는 연한 분홍색이다.

5~7월에 유럽이나 몽골, 중국 북쪽에서 짝짓기를 한다. 짝을 만나면 암수가 마주 보고 물풀을 입에 문 채 머리를 흔든다. 갈대나 부들이 많은 물가에서 물풀로 봉우리가 움푹 파인 둥지를 만든다. 알은 3~5개를 낳는데 황백색 바탕에 연한 갈색 점무늬가 있다. 둥지를 비울 때는 물풀을 물어 와 알을 덮는다. 가을에 왔다가 봄에 떠나는 겨울 철새지만 우리나라에서 한 해 내내 살면서 새끼를 치기도 한다.

사는 곳 호수, 저수지, 강, 연못, 냇가
먹이 물고기, 개구리, 올챙이, 물풀, 벌레
분포 우리나라, 중국, 일본, 동남아시아
구분 겨울 철새

황새 *Ciconia boyciana* / Oriental Stork

황새목 황새과

황새라는 이름에서 '황'은 황제의 황으로 왕보다도 높다는 뜻이다. 새 가운데 으뜸으로 쳐서 이런 이름이 붙었다. 오래 사는 열 가지를 가리키는 십장생 가운데 하나인 소나무 위에 앉은 흰 새도 사실은 두루미가 아니라 황새다.

논이나 강가에서 산다. 부리를 물속에 넣고 휘휘 젓거나 논에 쌓인 볏짚을 부리로 뒤져 가면서 튀어나오는 물고기나 개구리를 잡아먹는다. 날 때는 목과 다리를 쭉 뻗은 채 난다.

몸길이는 112cm쯤 되는데 날개를 활짝 폈을 때는 가로 길이가 2m 가까이 된다. 온몸이 흰 털로 덮여 있고 부리와 날개 가장자리는 검은색이다. 눈 둘레와 다리는 붉은색을 띤다.

3~5월에 시베리아에서 짝짓기를 한다. 암수가 마주 선 채 부리를 하늘로 치켜든 다음 위아래 부리를 서로 부딪치면서 '탁, 탁, 탁' 하는 소리를 낸다. 울대가 퇴화해서 목소리를 낼 수 없기 때문이다. 둥지는 나무 꼭대기에 마른 나뭇가지를 쌓아 엉성하게 짓는다. 큰 몸집에 맞게 둥지 지름도 1.5m쯤 되는데 같은 둥지를 해마다 고쳐서 쓴다. 흰색 알을 3~4개 낳아 30일쯤 품으면 새끼가 태어난다. 본디 텃새였으나 지금은 겨울 철새다. 천연기념물 제199호이자 멸종 위기 1급이며, 국제 보호조로 지정해 보호하고 있다.

사는 곳 논, 강, 연못, 호수
먹이 물고기, 개구리, 거미, 벌레
분포 우리나라, 중국, 일본, 시베리아
구분 겨울 철새

따오기 *Nipponia nippon* / Crested Ibis

사다새목 저어새과

따오기는 '따옥, 따옥' 소리를 낸다고 붙은 이름이다. 따옥새, 주로라고도 하며 북녘에서는 땅욱이라고 부른다.

논이나 개울에서 산다. 아침에 논바닥이나 개울가를 천천히 거닐면서 물고기나 달팽이 같은 먹이를 잡아먹고, 잘 때는 대나무나 소나무가 우거진 숲으로 간다. 날 때는 목을 앞으로 쭉 뻗은 채 직선으로 난다. 예민한 편이라 사람이나 천적이 다가가면 재빨리 달아난다.

몸길이는 75cm쯤 된다. 겨울에는 온몸이 흰색인데 날개덮깃만 선홍색이다. 얼굴은 털이 없이 붉은색 피부가 드러나 있고, 뒤통수에는 머리카락처럼 긴 흰색 깃털이 자란다. 검은색 부리는 아래로 굽었다. 짝짓기 무렵에는 머리, 등, 날개덮깃이 회색으로 바뀐다. 뺨에 있는 기름샘에서 나오는 검은색 기름을 온몸에 묻히면서 문지르기 때문이다.

4~5월에 짝짓기를 하고 높은 나뭇가지에 잔가지와 덩굴을 쌓아 둥지를 짓는다. 알은 4개쯤 낳는데 푸른색 바탕에 연한 갈색 무늬가 있다. 새끼가 태어나면 어미는 자기 입속에 새끼 부리를 넣고 머리를 흔들어서 먹이를 토한 다음 새끼한테 먹인다. 예전 농촌 마을에서는 어렵지 않게 보았다고 하지만 사람들이 사냥을 많이 한 탓에 1980년대 들어서는 찾아볼 수 없게 되었다. 2008년에 우리나라에서 중국에 사는 따오기 2마리를 들여와 수를 늘리려 애쓰고 있다. 국제 보호조이자 천연기념물 제198호이며 멸종 위기 2급이다.

사는 곳 논, 개울, 산기슭, 냇가
먹이 물고기, 달팽이, 개구리, 물벌레
분포 우리나라, 중국, 일본, 러시아
구분 겨울 철새

노랑부리저어새 *Platalea leucorodia* / Eurasian Spoonbill

사다새목 저어새과

노랑부리저어새는 짝짓기 무렵에 검은색 부리 끝이 노란색을 띠는 새다. 부리가 주걱과 닮았다고 주걱새라고도 하고, 물고기 잡는 데 쓰는 기구인 가리와 닮았다고 가리새라고도 한다. 북녘에서는 누른뺨저어새라 부른다.

민물에서 혼자 또는 작은 무리를 지어 산다. 쉴 때는 한쪽 다리로 서서 고개를 뒤로 돌려 등 깃에 머리를 올려놓는다. 두 마리가 마주 보고 서서 부리로 서로의 깃을 다듬어 주기도 한다. 먹이를 찾을 때는 저어새처럼 부리를 물에 살짝 담근 채 좌우로 휘젓는다. 흔히 물고기나 개구리를 잡아먹는다. 사람을 두려워해서 가까이 가면 곧바로 멀리 날아가 버린다.

몸길이는 86cm쯤 되고 암수가 비슷하게 생겼다. 부리 길이만 18~24cm 된다. 겨울에는 암수 모두 온몸이 흰색을 띠다가 여름이 다가오면 목 아래쪽에 황적색 테가 생긴다. 뒤통수에는 황적색 댕기 깃이 난다.

짝짓기는 유럽, 몽골, 아프리카, 중국에서 한다. 연못이나 늪에서 가까운 풀밭에 마른풀과 나뭇가지를 써서 접시처럼 생긴 둥지를 만든다. 알을 이틀에 하나씩 모두 3~5개 낳는다. 흰색 바탕에 연한 갈색 무늬가 있는 알을 21일쯤 품으면 새끼가 나온다. 유럽, 아프리카에는 많지만 우리나라에는 드물어서 천연기념물 제205-2호이자 멸종 위기 2급으로 보호하고 있다. 서산 천수만에는 해마다 20마리쯤 되는 무리가 겨울을 난다.

사는 곳 논, 냇가, 강어귀, 갈대밭
먹이 물고기, 개구리, 달팽이, 조개, 물풀
분포 우리나라, 중국, 일본, 몽골, 유럽
구분 겨울 철새

저어새 *Platalea minor* / Black-faced Spoonbill

사다새목 저어새과

저어새는 부리 끝이 주걱이나 숟가락처럼 둥글고 넓적하게 생겼다. 먹이를 잡을 때 부리를 물속에 넣고 좌우로 저어 가면서 잡기 때문에 저어새라고 한다. 영어 이름에도 '숟가락 부리'라는 뜻이 들어 있다.

무인도 바닷가나 강어귀에서 살고 잠은 숲에서 잔다. 서너 마리에서부터 열 마리 남짓까지 무리 지어 다니면서 물을 휘젓거나 수풀을 헤집는다. 우렁이나 물고기 같은 먹이를 잡으면 재빨리 부리를 들어 올려 삼킨다. 백로 무리가 따라다니면서 저어새가 물을 휘저을 때 도망 나오는 물고기를 먹기도 한다. 경계심이 많아서 사람이 다가가면 재빨리 날아간다.

몸길이는 85cm쯤 되고 암수 생김새가 거의 같다. 겨울에는 몸 전체가 흰색이지만 짝짓기 하는 여름이 되면 가슴이 노란색을 띠고 뒤통수에 노란색 댕기 깃이 난다. 이마와 눈 둘레, 턱 밑, 멱에는 검은색 피부가 드러나 있다. 부리와 다리는 검은색이다.

전 세계 가운데 동아시아에서만 볼 수 있는 새로 새끼도 우리나라에서만 친다. 3월에 서해안에 찾아와 바위 절벽 틈에 둥지를 튼다. 나뭇가지를 쌓아 엉성하게 만들고 흰색 알을 4개쯤 낳는다. 가을에는 20~50마리씩 무리 지어 따뜻한 동남아시아로 날아간다. 천연기념물 제205-1호이자 멸종 위기 1급으로 지정하고 있다. 국제 보호종 1급이며 세계적으로 보호하는 국제 보호조이기도 하다.

사는 곳 바닷가, 강어귀, 논, 갯벌
먹이 우렁이, 물고기, 게, 새우, 오징어
분포 우리나라, 중국, 일본, 동남아시아
구분 여름 철새

덤불해오라기 *Ixobrychus sinensis* / Yellow Bittern

사다새목 백로과

덤불해오라기는 저수지 둘레 갈대 덤불에 사는 해오라기라고 해서 붙은 이름이다. 북녘에서는 물까마귀라고 부르는 검은댕기해오라기보다 몸집이 작다고 작은물까마귀라고 한다.

낮에는 잠을 자고 해 질 무렵부터 움직인다. 몸 색이 갈대 색과 비슷하고, 목에 세로 줄무늬가 있어 천적이 다가오면 목을 하늘로 길게 뻗어 갈대처럼 보이게 한다. 먹이를 잡을 때도 갈대 줄기를 붙잡고 가만히 숨어 있다가 작은 물고기나 개구리가 다가오면 부리로 재빠르게 낚아챈다. 다리 근육이 튼튼해서 갈대 줄기를 붙잡고 오래 있을 수 있다.

몸길이는 35cm쯤으로 백로과 새 가운데 몸집이 가장 작다. 흔히 수컷이 암컷보다 크다. 몸 위쪽은 적갈색이고 아래쪽은 황갈색이다. 눈과 부리는 노란색이고 머리 꼭대기와 꼬리는 검은색을 띤다.

5~8월에 우리나라 논 둘레 물가에서 무리 지어 짝짓기를 한다. 갈대나 줄 같은 풀이 많은 곳에 물 위 0.3~1m 높이에서 물풀 줄기와 풀잎을 모아 접시처럼 생긴 둥지를 튼다. 흰색이나 청백색 알을 5개쯤 낳아 보름쯤 품는다. 봄에 우리나라를 찾아와 광릉, 낙동강 어귀에서 지내면서 새끼를 치는데, 풀이 우거진 곳에 살아서 눈에 잘 띄지 않는다. 날씨가 추워지면 동남아시아로 떠난다. 말레이시아, 미얀마, 베트남, 인도에서는 한 해 내내 살기도 한다.

사는 곳 저수지, 갈대밭, 논, 풀밭
먹이 물고기, 개구리, 새우, 물벌레
분포 우리나라, 중국, 일본, 말레이시아
구분 여름 철새

해오라기 *Nycticorax nycticorax* / Black-crowned Night Heron

사다새목 백로과

　해오라기는 해오라비라고도 한다. 북녘에서는 밤물까마귀라고 부르는데, 밤에 움직이는 물까마귀라는 뜻이다. 이름처럼 저녁 어스름부터 나와 밤늦도록 돌아다닐 때가 많다.

　강이나 논에서 사는데, 낮에는 나뭇가지 위에서 잠을 자고 밤에 먹이를 찾는다. 입맛을 다시듯 혀를 계속 날름거리고 있다가 먹잇감이 나타나면 잽싸게 부리로 낚아챈다. 물고기 먹잇감을 물에 띄워 놓고 물고기를 끌어들인 다음 잡기도 한다. 흔히 백로나 왜가리처럼 목을 S 자로 굽힌 채 움츠리고 다닌다. 쉴 때는 갈대밭이나 대나무 숲처럼 몸을 숨길 수 있는 곳으로 간다. 나무 위에서 한쪽 다리로 서 있기도 한다.

　몸길이는 70cm쯤 되고 암수가 비슷하게 생겼다. 머리와 등은 진한 푸른색이고 가슴과 배는 흰색이다. 날개는 연한 회색을 띤다. 짝짓기 할 때가 되면 머리에 흰색 댕기 깃이 길게 나고 노랗던 다리에 붉은빛이 돈다.

　4∼8월에 짝짓기를 하고 나무 위에서 백로나 왜가리 무리들과 함께 새끼를 친다. 나뭇가지 위에 작은 나뭇가지를 쌓아 둥지를 짓고 청백색 알을 3~5개 낳는다. 25일쯤 품어서 새끼가 나오면 다시 한 달 동안 키워서 내보낸다. 봄에 우리나라를 찾아와 가을에 떠난다. 남부 지방이나 제주도에서 한 해 내내 사는 무리가 조금씩 늘고 있다.

사는 곳 강, 논, 갈대밭
먹이 물고기, 새우, 개구리, 뱀, 벌레, 게
분포 우리나라, 일본, 아프리카, 동남아시아
구분 여름 철새

황로 *Bubulcus ibis* / Cattle Egret

사다새목 백로과

황로는 짝짓기 무렵이면 목과 등에 노란 깃이 나는 백로과 새다. 북녘에서는 누른물까마귀라고 한다. 백로과 새 가운데 덤불해오라기 다음으로 몸집이 작고 통통한 편이다.

흔히 시골의 논 둘레에서 4~5마리씩 작은 무리를 이룬다. 미꾸라지 같은 물고기나 벌레를 비롯한 동물성 먹이를 고루 먹는다. 예전에는 시골에서 농부가 소를 몰면서 논갈이할 때 뒤따라 다니며 땅속에 있던 땅강아지나 굼벵이를 잡아먹는 일이 많았다고 한다.

몸길이는 50cm쯤 된다. 암수 생김새가 거의 같은데 눈 색만 달라서 암컷은 노란색, 수컷은 붉은색을 띤다. 겨울에는 몸 전체가 흰색이지만 여름에 짝짓기 할 때가 되면 암수 모두 머리, 가슴, 등이 노란색으로 바뀐다. 부리는 노란색, 다리는 갈색을 띤다.

5~7월에 우리나라에서 짝짓기를 한다. 소나무나 팽나무 같은 큰키나무 가지에 마른 나뭇가지를 쌓아 접시처럼 생긴 둥지를 만들고 알을 6개쯤 낳는다. 중대백로, 중백로, 쇠백로 무리와 섞여서 새끼를 치기도 한다. 우리나라를 비롯한 중국, 일본, 동남아시아에서 새끼를 치고 나면 오스트레일리아나 아프리카 중남부로 날아가 겨울을 난다. 이듬해 봄에 백로 무리 가운데 가장 늦게 찾아와 짝짓기를 하고 알을 낳는다. 베트남, 인도, 미얀마, 필리핀 들에서는 한 해 내내 살기도 한다.

사는 곳 논, 밭, 늪, 풀밭
먹이 물고기, 벌레, 개구리, 뱀, 게, 쥐
분포 우리나라, 중국, 일본, 동남아시아
구분 여름 철새

왜가리 *Ardea cinerea* / Grey Heron

사다새목 백로과

왜가리라는 이름은 날면서 '와-악, 와-악' 또는 '왜-액, 왜-액' 하고 소리를 내는 데서 나왔다.

저수지나 강 같은 민물에서 산다. 흔히 밤에는 자고 낮에 돌아다닌다. 물가에 혼자 서서 움직이지 않고 먹이를 찾는데, 물고기나 개구리 같은 동물성 먹이를 즐겨 먹는다. 날 때는 목을 S 자로 굽히고 다리는 꼬리 뒤로 길게 뻗는다. 더울 때는 양 날개를 활짝 벌리고 목을 쭉 편 채로 숨을 헐떡이곤 한다.

목을 쭉 폈을 때는 몸길이가 1m쯤 되는데, 평소에는 거의 목을 굽히고 있어 그보다 작아 보인다. 등과 날개는 회색이고 머리와 목, 가슴은 흰색이다. 눈 위부터 머리까지 검은 줄이 있고 뒤통수에는 검은 댕기 깃이 자란다. 목 앞쪽에는 점선처럼 끊어지는 검은색 세로줄이 여러 개 있다. 부리는 노란색인데 짝짓기 때가 되면 붉은빛을 띤다.

4~5월에 우리나라에서 중대백로, 쇠백로, 황로 무리와 섞여 짝짓기를 한다. 높은 나무 꼭대기에 마른 나뭇가지를 얹어 접시처럼 생긴 둥지를 만든다. 청록색 알을 3~5개 낳아서 한 달 가까이 품으면 새끼가 나온다. 어미는 반쯤 소화한 먹이를 게워 내 새끼한테 먹인다. 새끼를 친 무리는 가을이 오면 따뜻한 남쪽으로 내려가고, 러시아에서 새끼를 친 무리가 겨울을 나러 찾아온다. 충북 진천 노원리에 천연기념물 제13호로 지정된 왜가리 번식지가 있다.

사는 곳 저수지, 강
먹이 물고기, 개구리, 쥐, 새
분포 우리나라, 중국, 인도, 필리핀
구분 여름 철새

노랑부리백로 *Egretta eulophotes* / Chinese Egret

사다새목 백로과

노랑부리백로는 짝짓기 무렵이면 부리가 노란색을 띠는 백로다. 북녘에서는 다른 백로보다 몸집이 작은 편이라고 몸집이 작은 당나라 사람에 빗대어 당백로라고 부른다.

흔히 백로 무리는 민물 둘레에 살지만 노랑부리백로는 유일하게 서해안 갯벌에서 많이 산다. 4~5마리부터 100마리까지 다양하게 무리를 짓고 섬 둘레나 갯벌을 걸어 다니면서 먹이를 구한다. 물고기 가운데 특히 망둑어를 즐겨 먹고 게나 새우도 잡아먹는다.

몸길이는 65cm쯤 된다. 온몸이 희고 다리는 흑갈색인데 눈 둘레가 푸른색을 띤다. 짝짓기 하는 여름에는 부리가 노란색이고 뒤통수에 가늘고 긴 댕기깃이 20개쯤 난다. 새끼를 치고 나면 부리는 검은색, 다리는 노란색으로 바뀌고 치렛깃도 없어진다.

4~6월에 우리나라 무인도에서 짝짓기를 하고 새끼를 친다. 땅이나 바위 위에 마른 나뭇가지나 풀을 쌓아 엉성한 둥지를 짓고, 연한 청록색을 띠는 알을 6개쯤 낳는다. 낮은 곳에 둥지를 짓다 보니 알이나 새끼가 천적한테 잡아먹히는 일이 많다. 1940년대까지만 해도 우리나라에서 새끼를 치는 무리가 많았다지만 자연 개발이 계속되면서 수가 많이 줄어 이제는 세계적으로도 2,000마리 정도밖에 남지 않았다. 우리나라에서는 강화도가 대표 번식지이며 천연기념물 제361호이자 멸종 위기 1급이다.

사는 곳 갯벌, 바닷가, 강가
먹이 물고기, 게, 새우, 갯지렁이
분포 우리나라, 중국, 일본, 동남아시아
구분 여름 철새

가마우지 *Phalacrocorax capillatus* / Temminck's Cormorant

가마우지목 가마우지과

　가마우지는 가맣다, 검다는 뜻인 '가마'와 깃털을 뜻하는 '우지'가 만나 이루어진 이름으로, 깃털이 검은 새라는 뜻이다. 갯마을 사람들은 까마귀처럼 검은 물새라고 물까마귀라고 부른다. 북녘에서는 민물가마우지와 구별해 바다가마우지라고 한다.

　바닷가에서 4~5마리씩 무리 지어 산다. 물새 가운데 잠수를 가장 잘한다. 깃털에 기름기가 없어서 잠수를 해도 떠오르지 않기 때문이다. 물 아래 30m까지 들어가 갈고리처럼 굽은 부리로 물고기를 잡아먹는다. 물에 젖은 깃털은 바위 위에서 날개를 활짝 편 채 말린다. 중국과 일본에서는 가마우지로 고기잡이를 하기도 한다.

　몸길이는 80cm쯤 되고 암수가 비슷하게 생겼다. 온몸이 검은색인데 부리 옆은 노란색이고 뺨과 멱은 흰색이다. 햇빛을 받으면 몸이 진한 녹색으로 빛난다. 짝짓기 할 무렵에는 뒤통수와 옆구리에 흰색 치렛깃이 돋고 부리 옆 노란색 부분에 살짝 붉은 기운이 돈다.

　5~7월에 섬에 있는 벼랑에서 무리 지어 짝짓기를 한다. 둥지는 절벽 오목한 곳에 마른풀이나 물풀을 쌓아 접시처럼 둥글넓적하게 만든다. 청백색 알을 4개쯤 낳고 둥지 둘레에는 흰색 똥을 쌓아 놓는다. 자기 땅임을 알리고 천적이 오는 것을 막으려는 것이다. 바닷가 바위에 흰색 똥이 쌓인 것을 보면 가마우지 둥지라는 걸 짐작할 수 있다. 우리나라에 한 해 내내 살고 동해나 제주도, 거제도 바닷가 바위에서 볼 수 있다.

사는 곳 바닷가
먹이 물고기
분포 우리나라, 중국, 일본, 동남아시아
구분 텃새

황조롱이 *Falco tinnunculus* / Common Kestrel

황조롱이는 이름처럼 몸이 누런색을 띠는 조롱이다. 꽁지를 부채꼴로 펴고 날갯짓을 하면서 제자리에 떠 있는 정지 비행을 하기 때문에 바람개비새나 바람매라고도 부른다. 북녘에서는 조롱이라고 한다.

산, 농촌 마을, 도시를 가리지 않고 혼자 또는 암수가 함께 산다. 매 무리 가운데 사람과 가장 가까이 사는 새다. 나뭇가지는 물론 전봇대나 건물 위에 앉기도 한다. 쥐, 두더지, 개구리를 먹고 벌레나 작은 새도 잡아먹는다. 소화되지 않은 먹이는 게워 낸다.

몸길이는 수컷이 33cm, 암컷이 38cm쯤 된다. 수컷은 머리가 회색이고 눈둘레는 노란색이다. 등은 황갈색 바탕에 흑갈색 무늬가 있고, 가슴과 배는 연한 황백색 바탕에 흑갈색 세로무늬가 있다. 검은색 꽁지에는 흰 띠가 있다. 암컷은 머리와 꼬리가 갈색이고 등은 회갈색 바탕에 흑갈색 무늬가 있다. 꽁지는 갈색 바탕에 흑갈색 띠가 있다.

우리나라에 한 해 내내 살면서 짝짓기를 한다. 스스로 둥지를 틀지 않고 까치나 매가 지은 둥지를 쓰거나 벼랑 위, 건물 틈새에 알을 낳는다. 알은 한 번에 4~5개를 낳는데 연한 노란색 바탕에 적갈색 무늬가 있다. 여름에 산속으로 새끼 치러 들어갔던 황조롱이 무리가 겨울에는 마을 둘레로 내려와 눈에 많이 띈다. 천연기념물 제323-8호다.

사는 곳 산, 마을
먹이 쥐, 두더지, 개구리, 벌레, 새
분포 우리나라, 중국, 일본, 인도
구분 텃새

매 *Falco peregrinus* / Peregrine Falcon

매목 매과

　매는 송골매라고도 부르고 깃이 푸른색을 띤다고 해동청이라고도 한다. 북녘에서는 꿩을 잡는 매라고 꿩매라고 한다. 참매와 더불어 사냥을 잘하기로 유명해서 우리 조상들은 오래전부터 길들여 꿩 사냥하는 데 써 왔다.

　산 둘레나 들판에서 혼자 산다. 날 때는 날개를 빠르게 움직이면서 직선으로 난다. 새 가운데 가장 빨라서 한 시간에 100km쯤 날 수 있다. 먹이가 될 만한 새가 나는 것을 보면 하늘로 높이 날아올랐다가 빠르게 내려오면서 낚아챈다. 시속 200~300km로 내려오다가 재빨리 방향을 바꿀 때는 '쇄-악' 하는 소리가 들린다. 때로는 내려오다가 새를 발로 힘껏 걷어차서 비틀거릴 때 잡는다. 흔히 오리, 도요새, 꿩 들을 잡아서 땅 위에 놓고 뜯어 먹는다.

　몸길이는 수컷이 42cm, 암컷이 48cm쯤으로 암컷 몸집이 더 크다. 머리 꼭대기와 뺨은 검은색이고 눈에는 노란 테가 있다. 등, 날개, 꼬리는 청회색이고 가슴과 배는 흰색 바탕에 흑갈색 가로줄이 있다. 다리와 발은 노란색인데, 검은색 발톱이 길고 날카롭다.

　한 해 내내 우리나라에서 사는 텃새로 해마다 5~6월이면 짝짓기를 한다. 수컷이 먹이를 잡아 암컷한테 선물한다. 알은 바닷가 벼랑에 4개쯤 낳아서 품고 기른다. 천연기념물 제323-7호이자 멸종 위기 1급이다.

사는 곳 산, 마을
먹이 오리, 도요새, 꿩, 비둘기, 어치
분포 우리나라, 일본, 중국, 유럽
구분 텃새

물수리 *Pandion haliaetus* / Osprey

수리목 수리과

　물수리는 물가에 살면서 수리처럼 하늘에서 갑자기 내려와 먹이 사냥을 하기 때문에 붙은 이름이다. 학명은 바다에 사는 수리라는 뜻이다. 북녘에서는 증경새나 바다수리라고 부른다.

　바닷가나 호수에서 혼자 산다. 바닷가나 냇가 둘레를 빙빙 돌며 날다가 먹이를 보면 그대로 멈춘다. 정지 비행을 하면서 가만히 보고 있다가 이때다 싶으면 날개를 반쯤 접고 빠르게 물속으로 내리꽂으면서 물고기를 낚아챈다. 물고기 가운데 특히 숭어를 즐겨 먹는다. 날카로운 발톱으로 움켜쥔 채 높은 나무 위로 옮긴 다음 천천히 뜯어 먹는다.

　몸길이는 수컷이 54cm, 암컷이 64cm쯤 된다. 날개 한쪽 길이가 45cm쯤으로 수리 무리 가운데 몸집이 큰 편이며 암수가 비슷하게 생겼다. 머리 꼭대기, 멱, 배는 흰색이고 목덜미부터 등, 날개는 갈색을 띤다. 다리와 발은 청회색이다. 발바닥에 돌기가 많아 거칠고 발톱이 날카롭다.

　2~6월에 유럽과 시베리아 물가에서 짝짓기를 한다. 둥지는 암수가 함께 둘레에 있는 높은 나무나 바위 위에 나뭇가지와 풀을 쌓아 만든다. 흰색 알을 4개 낳아 한 달쯤 품으면 새끼가 나온다. 갓 나온 새끼한테는 먹이를 부리나 발톱으로 잘게 찢어 먹이지만 좀 자라고 나면 통째로 주고 스스로 먹게 한다. 봄가을에 우리나라 바닷가에 들러 쉬었다가 동남아시아로 가서 겨울을 난다. 낙동강 어귀와 제주도에 남아 겨울을 나는 무리도 있다. 수가 많이 줄어서 멸종 위기 2급으로 지정되었다.

사는 곳 바닷가, 냇가, 호수, 강
먹이 물고기
분포 우리나라, 일본, 중국, 러시아, 동남아시아
구분 나그네새

솔개 *Milvus migrans* / Black Kite

수리목 수리과

솔개는 소리개라고도 부르는 새다. 북녘에서는 소리개나 수리개라고 한다. 산이나 강, 바닷가에서 혼자 산다. 날개를 살짝 꺾은 채 하늘 높이 날면서 빙빙 돌다가 먹이가 보이면 재빨리 내려온다. 날카로운 발톱으로 먹이를 낚아챈 다음 높은 나뭇가지나 땅 위로 옮겨서 먹는다. 흔히 쥐, 새, 물고기, 개구리를 잡아먹지만 죽은 동물을 먹기도 한다. 옛날에 시골에서는 솔개가 마당에 있는 닭이나 병아리를 채 가는 일이 많아서 우는 아이한테는 솔개가 채 간다고 겁을 주기도 했다.

몸길이는 수컷이 58cm, 암컷은 68cm쯤으로 암컷 몸집이 더 크다. 몸 색은 비슷하다. 머리 꼭대기부터 꽁지 끝까지 진한 갈색 바탕에 세로로 밝은 갈색 줄무늬가 있다. 날 때는 길고 각진 날개가 눈에 띈다. 매와 비슷하게 생겼지만 부리와 발은 매가 더 크고 날카롭다.

3월에 우리나라 산이나 섬 둘레 숲에서 짝짓기를 한다. 나무 위에 작은 나뭇가지를 쌓아 접시 같은 둥지를 짓고 바닥에는 깃털과 마른풀을 깐다. 알은 2~4개 낳는데 연한 회색 바탕에 적갈색 무늬가 있다. 많은 수가 한 해 내내 우리나라에 살고, 몽골이나 러시아에 살다가 겨울을 나려고 내려오는 무리도 있다. 1960년대만 해도 서울 창덕궁에서 수백 마리를 볼 수 있었다지만 요즘은 뭍에는 거의 없고 부산 을숙도나 다대포 바닷가에서 몇 마리씩 볼 수 있다. 멸종 위기 2급이다.

사는 곳 산, 강, 냇가, 바닷가
먹이 쥐, 새, 새알, 물고기, 개구리, 뱀
분포 우리나라, 일본, 중국, 몽골, 러시아
구분 텃새

독수리 *Aegypius monachus* / Cinereous Vulture

수리목 수리과

독수리는 한자 대머리 '독(禿)'과 성질이 사납고 고기를 먹는 새를 가리키는 우리말 '수리'가 만나 이루어진 이름으로 대머리수리라는 뜻이다. 북녘에서도 같은 뜻을 담아 번대수리라고 부른다. 겨울이면 털갈이하느라 머리 꼭대기와 목덜미에 맨살이 드러나서 이런 이름이 붙은 것으로 보인다.

숲이나 강어귀에서 산다. 흔히 바위 위나 큰 나뭇가지에 앉아 쉰다. 몸집에 비해 다리가 작고 약해서 잘 걷지 못한다. 날아오를 때는 땅 위에서 달린 다음에야 날아오른다. 넓은 양쪽 날개를 일자로 뻗은 채 기류를 타고 난다. 시력이 뛰어나 300m 상공에서도 죽은 짐승을 보면 땅 위로 내려간다. 살아 있는 토끼나 쥐를 잡아먹기도 한다.

몸길이는 110cm쯤으로 우리나라 맹금류 가운데 가장 크다. 겨울에는 온몸이 흑갈색이다. 머리 꼭대기 깃은 솜털처럼 짧고 목에 난 깃은 길면서 부스스하게 서 있다. 나머지 깃은 차분하게 가라앉아 있다. 부리는 검은색이고 다리는 회색이나 살구색이다. 여름에는 온몸이 연한 갈색으로 바뀐다.

봄에 몽골과 러시아에서 짝짓기를 한다. 둥지는 나뭇가지나 절벽 위에 짓는데, 몸집이 큰 만큼 둥지도 커서 지름이 1~1.5m쯤 된다. 알은 1~2개 낳는다. 가을에 우리나라를 찾아와 강원도 철원, 경상남도 단성에서 해마다 500~600마리씩 겨울을 난다. 천연기념물 제243-1호이자 멸종 위기 2급이다.

사는 곳 숲, 강어귀, 냇가, 호수
먹이 죽은 짐승, 토끼, 쥐, 물고기
분포 우리나라, 중국, 일본, 몽골
구분 겨울 철새

참매 *Accipiter gentilis* / Northern Goshawk

수리목 수리과

　참매라는 이름에서 '참'은 거짓이 아닌 진짜를 뜻하는 말이다. 따라서 참매는 매 가운데 진짜 매, 썩 좋은 매라는 뜻으로 풀이할 수 있다.

　숲 속이나 논밭 둘레에서 혼자 또는 암수가 함께 산다. 다른 매에 비해 짧고 넓은 날개로 기류를 타고 난다. 먹이를 잡을 때도 다른 매처럼 먹이 위에서 내리꽂으면서 발로 차서 떨어뜨리지 않고 소리 없이 먹이 가까이 날아간 다음 다리를 쭉 뻗어 잽싸게 낚아챈다. 흔히 날아다니는 까마귀나 메추라기 같은 새를 잡아먹지만 토끼나 벌레를 먹기도 한다. 죽은 것은 먹지 않고 꼭 살아 움직이는 것을 잡아먹는다. 날카로운 부리로 조금씩 찢어 먹는데, 소화되지 않는 털은 뱉어 버린다. 매 무리 가운데 성질이 가장 사납다고 한다.

　몸집도 매 무리 가운데 가장 크다. 몸길이는 수컷이 50cm, 암컷이 60cm쯤으로 암컷 몸집이 수컷보다 조금 더 크다. 생김새는 거의 비슷해서 등과 날개는 회갈색이고 머리 꼭대기와 눈 둘레, 날개 끝은 검은색이다. 흰색 눈썹줄은 굵고 뚜렷하다. 꽁지에도 뚜렷한 흑갈색 줄무늬가 4개 있다. 가슴과 배는 흰색 바탕에 회갈색 가로 줄무늬가 있으며 다리는 노란색이다.

　5~6월에 북아프리카와 유럽에서 짝짓기를 한다. 둥지는 나뭇가지에 접시처럼 짓고 연한 청회색 알을 2~4개 낳는다. 새끼를 치고 늦가을에 우리나라를 찾아와 겨울을 난다. 천연기념물 제323-1호이자 멸종 위기 2급이다.

사는 곳 논밭, 산, 숲
먹이 새, 쥐, 토끼, 벌레
분포 우리나라, 일본, 중국, 몽골, 러시아
구분 겨울 철새

말똥가리 *Buteo buteo* / Common Buzzard

수리목 수리과

　말똥가리는 매나 수리를 뜻하는 옛말이 모인 이름이라고도 하고, 몸 색이 말똥 색과 비슷하기 때문에 이런 이름이 붙었다고도 한다. 북녘에서는 저광이라고 부른다.

　논밭이나 낮은 산에서 혼자 또는 암수가 함께 산다. 날개가 짧고 둔해서 날기보다는 높은 나뭇가지에 앉아서 먹이를 찾는다. 흔히 쥐나 두더지를 잡아 먹고 개구리나 뱀을 먹기도 한다. 짝짓기 무렵에는 토끼를 자주 잡아먹는다. 시력이 좋아서 2km쯤 떨어진 곳에 있는 토끼도 쉽게 찾는다.

　몸길이는 수컷이 52cm, 암컷이 56cm쯤으로 암컷 몸집이 더 크다. 암수가 비슷하게 생겼다. 몸 위쪽은 갈색이고 깃털 가장자리는 붉은색을 띤다. 가슴은 흰색 바탕에 적갈색 무늬가 있다. 다른 매와는 달리 눈이 갈색이고 날 때 날개 아래쪽에 진한 갈색 점무늬가 보인다.

　5~6월에 몽골이나 유럽 북쪽 깊은 숲 속에서 짝짓기를 한다. 암수가 함께 하늘을 빙빙 돌면서 울음소리를 낸다. 둥지는 큰키나무 위에 작은 나뭇가지를 두껍게 쌓아 만들고 바닥에는 나뭇잎을 깐다. 연한 풀색 바탕에 적갈색과 회색 무늬가 있는 알을 2~3개 낳는다. 한 달쯤 품어서 새끼가 나오면 다시 먹이를 잡아다 먹이며 40일쯤 키운다. 새끼를 치고 난 10월에 우리나라를 찾아와 겨울을 난다. 유럽과 일본에서는 한 해 내내 산다. 멸종 위기 2급이다.

사는 곳 논밭, 냇가, 바닷가, 산
먹이 쥐, 두더지, 토끼, 새, 뱀, 개구리
분포 우리나라, 중국, 일본, 몽골, 인도, 유럽
구분 겨울 철새

뜸부기 *Gallicrex cinerea* / Watercock

두루미목 뜸부기과

뜸부기는 짝짓기 무렵 수컷이 논에서 머리를 숙이고 가슴은 내민 채 '뜸-, 뜸-' 하고 우는 소리를 본떠 붙인 이름이다. 듬복이나 듬북이라고도 한다.

호수나 논에 산다. 낮에는 물가 숲이나 덤불에서 쉬고 아침저녁으로는 논에서 먹이를 찾는다. 벼 포기를 헤치거나 도랑을 걸어 다니면서 작은 물고기나 지렁이, 식물을 고루 먹는다. 천적이 다가가면 날기보다는 몸을 낮추고 빠르게 기면서 달아난다. 다리와 발가락이 길어 걸음이 재빠르고 벼 포기 사이로 다니기 때문에 눈에 잘 띄지 않는다.

몸길이는 수컷이 38cm, 암컷이 33cm쯤 된다. 수컷은 온몸이 푸른빛이 도는 검은색을 띤다. 이마부터 머리 꼭대기까지 있는 볏은 붉은색이다. 눈은 검은색이고 부리는 노란색이다. 짝짓기가 끝나면 생김새가 암컷과 비슷해진다. 암컷은 온몸이 황갈색 바탕에 진한 갈색 무늬가 있다. 수컷과 달리 붉은색 볏이 없고 눈은 갈색이다.

6~8월에 우리나라에서 짝짓기를 한다. 벼 잎이나 논 둘레에 나는 풀 줄기를 엮어 접시처럼 생긴 둥지를 짓는다. 밑에 물이 있으면 수면에서 30cm쯤 띄워서 만든다. 알은 5개에서 10개까지 낳는데 흰색 바탕에 붉은색 무늬가 있다. 1980년대에만 해도 흔했으나 환경 오염과 사냥으로 요즘은 보기 드물다. 천연기념물 제446호이자 멸종 위기 2급이다.

사는 곳 호수, 논, 저수지, 개울
먹이 물고기, 벌레, 지렁이, 낟알, 물풀
분포 우리나라, 중국, 일본, 동남아시아
구분 여름 철새

물닭 *Fulica atra* / Eurasian Coot

두루미목 뜸부기과

물닭은 물가에 사는 새인데, 닭하고 비슷하게 생겼다고 해서 붙은 이름이다. 북녘에서는 쇠물닭과 견주어 몸집이 크다고 큰물닭이라고 부른다.

갈대와 물풀이 우거진 호수나 저수지에 산다. 발가락이 따로 떨어져 있으면서 저마다 물갈퀴가 붙어 있기 때문에 헤엄도 잘 치고 걷기도 잘한다. 흔히 자맥질을 하고 겨울에 물이 얼면 얼음과 땅 위를 걸어 다닌다. 물에서 물고기와 물풀을 먹거나 가까운 논으로 가서 식물을 먹고 산다. 작은 새의 알을 먹기도 한다. 위험을 느끼면 잠수를 하거나 물 위를 달리듯이 도망친다.

몸길이는 41cm쯤 된다. 온몸이 검은색이고 통통하다. 흰색 부리 위에는 둥글고 넓은 흰색 이마 판이 있다. 짝짓기 할 무렵에 커졌다가 겨울에는 작아진다. 눈은 붉은색이고 다리는 회흑색이다. 발에 붙은 물갈퀴는 배를 젓는 노처럼 생겼는데 접고 펼 수 있다.

6~7월에 우리나라 물가에서 '꾹, 꾹' 하는 소리를 내며 짝짓기를 한다. 둥지는 물 위에 부들 잎을 높이 쌓아 짓는다. 알은 6개에서 13개까지 낳는데 황회색 바탕에 갈색과 회색 무늬가 있다. 성질이 예민해서 사람이 둥지 가까이 가면 알을 두고 떠난다. 품은 지 20일 남짓 지나면 새끼가 알을 깨고 나와 헤엄을 친다. 예전에는 북쪽에서 새끼를 치고 겨울에 찾아오는 무리가 많았으나 요즘은 우리나라에서 한 해 내내 산다.

사는 곳 호수, 저수지
먹이 물고기, 물풀, 물벌레, 풀씨, 볍씨
분포 우리나라, 중국, 일본, 유럽, 아프리카
구분 텃새

재두루미 *Grus vipio* / White-naped Crane

두루미목 두루미과

재두루미는 몸에 잿빛 깃이 많은 두루미라는 뜻이다. 이름처럼 목과 가슴, 배가 진한 잿빛을 띤다.

논이나 갯벌에서 산다. 겨울에는 암수와 새끼로 이루어진 가족 무리가 모여 50~300마리씩 큰 무리를 짓는다. 낮에는 긴 목을 S 자로 굽히고 땅 위를 걸어 다니면서 먹이를 찾는다. 흔히 논에서 낟알이나 풀씨를 먹지만 갯벌에서 작은 물고기나 새우를 잡아먹기도 한다. 밤에는 한쪽 다리로 서서 등 깃에 머리를 파묻은 채 잔다. 여럿이 날 때는 V 자를 이루어 난다.

몸길이는 120cm쯤으로 두루미보다는 몸집이 좀 작은 편이다. 암수가 비슷하게 생겼다. 머리 꼭대기, 목덜미, 날개 끝은 흰색이고 나머지 부분은 회색이다. 눈 둘레에는 붉은색 피부가 드러나 있는데 짝짓기 무렵에는 더 넓어진다. 부리는 노란색이고 다리는 연한 분홍색이다.

4~5월에 몽골이나 러시아 물가에서 짝짓기를 한다. 짝을 찾은 암수는 마주 선 채 부리를 하늘로 치켜들고 소리를 낸다. 둥지는 풀밭에 마른풀을 쌓아 짓고 알은 4개쯤 낳는다. 10월에 두루미 무리 가운데 처음으로 우리나라를 찾아온다. 해마다 400~500마리가 경기도 파주와 강원도 철원 비무장 지대, 휴전선 둘레에서 겨울을 난다. 갈수록 수가 줄어서 천연기념물 제203호이자 멸종 위기 2급으로 보호하고 있다.

사는 곳 논, 갯벌, 저수지, 강어귀
먹이 낟알, 물풀, 풀씨, 물고기, 새우, 벌레
분포 우리나라, 중국, 일본, 몽골, 러시아
구분 겨울 철새

흑두루미 *Grus monacha* / Hooded Crane

두루미목 두루미과

　흑두루미는 이름처럼 몸이 검은색을 띤다. 학명에는 수녀라는 뜻이 담겨 있는데, 이것 또한 머리부터 목까지는 흰색이고 아래로는 검은빛을 띠는 몸이 마치 수녀 옷을 입은 것처럼 보이기 때문이다. 북녘에서는 흰목검은두루미라고 부른다.

　논이나 늪에서 무리 지어 산다. 논밭에 떨어진 낟알과 풀씨를 주워 먹고 물가에서 작은 물고기나 개구리, 우렁이도 잡아먹는다. 사람이나 천적이 다가가면 무리 가운데 한 마리가 '쿠루루' 소리를 낸다. 이 신호를 들은 흑두루미들은 한꺼번에 하늘로 날아오른다. 긴 목과 다리를 일자로 뻗고 날개를 천천히 저으면서 먼 곳으로 도망간다.

　몸길이는 100cm쯤으로 두루미 무리 가운데 몸집이 가장 작다. 머리 꼭대기부터 목까지는 흰색이고 몸통은 진한 회색이다. 눈 앞은 검은색이고 눈 둘레와 머리 꼭대기는 붉은색을 띤다. 부리는 노란색이고 다리는 회색이다.

　해마다 5~7월이면 러시아에서 짝짓기를 한다. 둥지는 늪에 갈대와 짚을 쌓아 만든다. 연한 갈색 바탕에 검은색 무늬가 있는 알 2개를 낳아 한 달쯤 품으면 새끼가 나온다. 태어난 새끼는 3~4년이면 다 자란다. 가을에 우리나라를 찾아와 순천만, 천수만 들에서 겨울을 난다. 1960년대까지만 해도 2,000마리가 넘는 흑두루미가 찾아왔다지만 요즘은 200~300마리로 줄었다. 천연기념물 제228호이자 멸종 위기 2급이다.

사는 곳 논, 늪, 밭, 갯벌
먹이 물고기, 우렁이, 개구리, 낟알, 풀씨
분포 우리나라, 중국, 일본, 몽골, 러시아
구분 겨울 철새

두루미 *Grus japonensis* / Red-crowned Crane

두루미목 두루미과

두루미는 '뚜르르르-' 하는 소리를 낸다고 붙은 이름이다. 흔히 학이라 부르기도 하고, 머리 꼭대기가 붉다고 붉을 단(丹)자를 써서 단정학이라고도 한다. 북녘에서는 흰두루미라고 부른다.

풀밭이나 논밭 둘레에서 산다. 짝짓기 때는 암수끼리 지내다가 새끼를 치고 나면 가족끼리, 또는 30~50마리씩 무리 짓는다. 땅에서 먹이를 먹거나 쉴 때도 한두 마리는 목을 높이 빼고 둘레를 살피다가 이상한 것을 보면 큰 소리로 알린다. 잘 때는 한쪽 다리를 들고 머리를 깃털 속에 파묻는다. 흔히 여름에는 동물성 먹이를 먹고 겨울에는 식물성 먹이를 먹는다.

몸길이는 135cm쯤이고 몸무게는 10kg쯤 된다. 몸은 희고 머리 꼭대기에는 붉은색 피부가 드러나 있다. 눈 앞쪽과 목, 다리는 검은색을 띤다. 끝이 검은 날개깃은 꼬리 위를 덮고 있다.

이른 봄인 2~3월부터 일본과 러시아에서 짝짓기를 한다. 암수가 함께 마주 선 채 부리를 하늘로 치켜들고 '뚜루, 뚜루' 하고 크게 운다. 둥지는 갈대가 우거진 땅 위에 마른 나뭇가지나 갈대 줄기를 물어다 접시처럼 짓는다. 연한 황갈색 바탕에 갈색과 회색 무늬가 있는 알을 1~2개 낳는다. 11월부터 우리나라를 찾아오는데, 경기도 철원에서는 해마다 300여 마리가 겨울을 난다. 수가 많이 줄어서 천연기념물 제202호이자 멸종 위기 1급이 되었다. 국제 자연 보존 연맹에서는 국제 보호조로 지정하고 있다.

사는 곳 풀밭, 논밭
먹이 물고기, 벌레, 개구리, 풀씨, 낟알
분포 우리나라, 중국, 일본, 러시아
구분 겨울 철새

검은머리물떼새 *Haematopus ostralegus* / Eurasian Oystercatch

도요목 검은머리물떼새과

검은머리물떼새는 머리가 검은색이면서 물가에서 떼 지어 다니는 새라는 뜻이다. 시골에서는 울음소리가 요란하고 몸 색이 검은색이라서 물까치라고 부르기도 한다. 영어 이름은 굴을 잡는 새라는 뜻이다. 북녘에서는 까치도요, 또는 긴부리까치도요라고 부른다.

바닷가나 강어귀에서 4~5마리씩 무리 지어 산다. 갯벌이나 바닷가 둘레를 걸어 다니면서 먹이를 찾는다. 흔히 굴, 조개, 지렁이, 게, 물고기 같은 동물성 먹이를 먹는다. 길고 뾰족한 부리를 조개나 굴 껍데기 속에 넣고 비틀거나 바위 위에 떨어뜨려 살을 쉽게 꺼내 먹는다.

몸길이는 45cm쯤인데 부리 길이만 8~11cm쯤 된다. 머리, 멱, 등, 날개는 검은색이고 가슴과 어깨, 배는 흰색이다. 부리는 진한 주황색이며 다리는 분홍색이다. 날 때는 날개 위쪽에 흰색 띠가 보인다.

4~5월에 우리나라 서해안 무인도에서 짝짓기를 한다. 바위 위나 움푹하게 파인 자갈밭에 둥지를 틀고 황갈색 바탕에 어두운 갈색이나 회색 점무늬가 있는 알을 3개쯤 낳는다. 알 색이 자갈과 비슷한 보호색을 띤다. 알을 품거나 새끼를 키우는 동안 둥지에 천적이 다가가면 어미는 날카롭게 울면서 둥지에서 먼 곳으로 끌어내리려고 애쓴다. 겨울이 오면 강화도 갯벌에 살던 새들이 서해안 남쪽으로 옮겨 간다. 따라서 우리나라 서해안에서는 한 해 내내 볼 수 있다. 천연기념물 제326호이자 멸종 위기 2급이다.

사는 곳 바닷가, 강어귀, 냇가
먹이 굴, 조개, 물고기, 지렁이, 게, 물풀
분포 우리나라, 중국, 일본, 러시아
구분 텃새

장다리물떼새 *Himantopus himantopus* / Black-winged Stilt

도요목 장다리물떼새과

장다리물떼새는 물떼새 무리 가운데 다리가 가장 길어서 붙은 이름이다. 북녘에서는 긴다리도요라고 부른다.

물이 고인 논이나 연못에서 산다. 얕은 물 위를 천천히 걸어 다니며 먹이를 찾는다. 논에서는 개구리나 올챙이를 먹고 바닷가에서는 작은 물고기나 조개를 먹는다. 조용히 걸어 다니다가 설 때는 몸을 위아래로 흔들고, 날 때는 긴 다리를 꼬리 뒤로 길게 뻗는다.

몸길이는 50cm쯤 된다. 등과 날개는 검은색인데 햇빛을 받으면 녹색 빛이 난다. 목과 가슴, 배는 흰색이고 머리에는 검은색 무늬가 있다. 날개는 가늘고 길며 끝이 뾰족하다. 검은색 부리도 가늘고 길지만 분홍색 다리는 매우 길다. 암컷은 몸 색이 수컷보다 연해서 등과 날개가 연한 갈색을 띤다.

4~6월에 논이나 냇가에서 짝짓기를 한다. 둥지는 얕은 물 위에 볏짚이나 풀 줄기를 쌓아 접시처럼 만들고 바닥에는 물풀이나 작은 돌을 깐다. 황백색 바탕에 무늬가 있는 알을 4개 낳아 품는다. 알을 품는 동안 천적이 다가오면 어미가 '꽥꽥꽥꽥' 하고 날카롭게 소리를 내서 주위에 있는 무리들을 불러 모아 함께 적을 쫓아낸다. 갓 태어난 새끼는 젖은 털이 마르면 어미를 따라 둥지를 떠난다. 2000년대 초까지만 해도 전남 고천암호, 충남 서산 천수만, 경기도 안산 시화호 들에서 30~50쌍이 새끼를 쳤지만 요즘에는 거의가 봄가을에 들러 쉬어 가고 새끼 치는 모습은 보기가 힘들다.

사는 곳 논, 연못, 늪, 호수, 바닷가
먹이 개구리, 도마뱀, 물고기, 조개, 물벌레
분포 우리나라, 중국, 일본, 몽골, 러시아
구분 나그네새

댕기물떼새 *Vanellus vanellus* / Northern Lapwing

댕기물떼새는 머리에 댕기처럼 길게 뻗은 깃이 있는 물떼새다. 댕기 깃은 옆에서 보면 아래에서 위로 살짝 말려 뻗은 것처럼 보이지만, 앞에서 보면 왕관을 쓴 것처럼 양옆으로 넓게 퍼져 있다. 북녘에서는 댕기도요라고 한다.

논밭이나 갯벌에서 3~4마리부터 50마리 남짓까지 떼 지어 산다. 가만히 서서 큰 눈으로 둘레를 살피다가 먹이가 보이면 재빨리 달려가 먹는 것은 다른 물떼새와 같다. 갯벌에 사는 갯지렁이, 조개를 잡아먹고 논밭에서 풀씨도 먹는다. 날 때는 날개를 느리게 펄럭이며 너풀너풀 난다.

몸길이는 32cm쯤 된다. 등과 날개는 진한 녹색이고 날개에는 붉은색과 푸른색 깃이 섞여 있다. 머리 꼭대기는 검은색인데 가늘고 긴 깃이 위로 솟아 있다. 짝짓기 무렵이면 깃이 더 길어진다. 뺨과 가슴은 검고 배는 희다. 겨울에는 몸 색이 한층 옅어지면서 가슴에 있던 검은 띠도 사라진다.

3~4월에 몽골이나 러시아로 떠난다. 가는 도중에 강가에서 꽁지를 높이 든 채 '위-입, 위-입' 하고 울면서 짝짓기를 한다. 새끼 칠 곳에 다다르면 곧바로 풀밭 위에 풀 줄기와 지푸라기로 접시처럼 생긴 둥지를 튼다. 황백색 바탕에 갈색 무늬가 있는 알을 4~5개 낳아 품는데, 그동안 천적이 둥지에 다가오면 사납게 달려들어 내쫓는다. 늦가을에 동남아시아로 이동하면서 우리나라에 들러 쉬어 간다. 유럽에서는 한 해 내내 살기도 한다.

사는 곳 논밭, 갯벌, 강, 호수, 냇가
먹이 갯지렁이, 조개, 게, 새우, 벌레, 풀씨
분포 우리나라, 중국, 일본, 몽골, 러시아, 유럽, 아프리카, 동남아시아
구분 나그네새

개꿩 *Pluvialis squatarola* / Grey Plover

도요목 물떼새과

갯가에 사는데 생김새가 꿩 암컷과 비슷하다고 개꿩이라고 한다. 하지만 실제로는 꿩보다 몸집이 훨씬 작고 날씬하다. 북녘에서는 개꿩 또는 검은배알도요라고 부른다.

흔히 갯벌에 많이 산다. 썰물 때 무리 지어 갯벌을 걸어 다니면서 먹이를 찾는다. 갯지렁이나 새우, 조개를 많이 먹는다. 걷다가 갑자기 멈춘 채 오랫동안 서 있는 버릇이 있다. 날 때는 가로로 일자를 만들거나 V 자를 이룬다.

몸길이는 29cm쯤 되는데 몸집에 비해 눈이 크다. 여름에는 등에 갈색 점무늬가 있고 가슴과 배는 흰색 바탕에 흑갈색 얼룩무늬가 있다. 겨울에는 몸색이 옅어진다. 등은 회갈색으로 바뀌고 머리 꼭대기, 가슴, 배는 흰색 바탕에 연한 회갈색 점무늬가 생긴다. 부리와 다리는 그대로 검은색이다.

5~7월에 북쪽 툰드라 지대에서 짝짓기를 한다. 둥지는 바닷가와 숲 사이의 땅 위에 틀고 바닥에 작은 나뭇가지와 나뭇잎, 이끼 들을 깐다. 알은 4개쯤 낳는데 녹회색 또는 황백색 바탕에 검은색 무늬가 있다. 23~27일 동안 품으면 새끼가 나온다. 봄가을마다 이동하면서 우리나라에 들르는 나그네새다. 흔히 겨울은 동남아시아에서 나지만 적은 수는 우리나라에 남기도 한다.

사는 곳 갯벌, 강어귀, 저수지
먹이 지렁이, 새우, 벌레, 조개, 씨앗
분포 우리나라, 중국, 일본, 러시아, 북아메리카
구분 나그네새

꼬마물떼새 *Charadrius dubius* / Little Ringed Plover

도요목 물떼새과

　꼬마물떼새는 물가에 떼 지어 사는 새 가운데 몸집이 가장 작아서 붙은 이름이다. '낄룩, 낄룩' 하는 소리를 낸다고 낄룩새라고도 부른다. 북녘에서는 알도요라고 한다.

　강이나 저수지 같은 물가에 산다. 여름에는 암수가 함께 살고 새끼를 치고 나면 가족끼리 다닌다. 몸집에 비해 눈이 크고 밝아서 가만히 선 채로 두리번거렸다가 빠르게 움직이기를 되풀이하면서 먹이를 찾는다. 흔히 하루살이나 파리, 모기 같은 작은 벌레를 잡아먹는다.

　몸길이는 15cm쯤 되는데 물떼새 무리 가운데 몸집이 가장 작다. 눈 테는 노란색이고 이마와 뺨, 목둘레는 검은색을 띤다. 머리 꼭대기와 등, 날개는 연한 갈색이고 턱과 가슴, 배는 흰색이다. 겨울에는 머리와 목둘레의 검은색이 옅어지고 몸 위쪽은 어두운 갈색으로 바뀐다.

　4~7월에 우리나라 물가에서 짝짓기를 한다. 자갈밭이나 모래밭을 오목하게 판 다음 바닥에 작은 돌이나 마른풀, 조개껍데기를 깔아 둥지를 만든다. 적황색 바탕에 갈색 무늬가 있는 알을 4개쯤 낳는다. 알을 품는 동안 천적이 가까이 오면 수컷은 다리를 절룩거리거나 날개를 퍼덕거려 다친 척하면서 천적을 다른 곳으로 이끈다. 초가을이면 우리나라보다 더 따뜻한 남쪽으로 날아간다. 흔히 아프리카나 인도, 동남아시아에서 겨울을 난다.

사는 곳 강, 저수지, 개울, 바닷가, 논
먹이 벌레
분포 우리나라, 중국, 일본, 몽골, 인도
구분 여름 철새

흰물떼새 *Charadrius alexandrinus* / Kentish Plover

도요목 물떼새과

흰물떼새는 물떼새 무리 가운데 몸 색이 옅고 흰색을 많이 띤다고 해서 붙은 이름이다. 북녘에서는 흰가슴알도요라고 부른다.

바닷가나 강, 저수지에서 산다. 한자리에 선 채로 주위를 둘러보다가 먹이를 찾으면 재빨리 달려간다. 흔히 갯지렁이나 물벌레를 먹는다. 지렁이를 잡을 때는 흙 속으로 도망가려는 지렁이를 재빨리 물고는 몸이 끊기지 않도록 천천히 당기는 기술을 선보인다.

몸길이는 17cm쯤 된다. 수컷은 눈썹줄이 희고 이마와 뺨, 가슴 양옆에 검은색 띠가 있다. 머리 꼭대기부터 뒤통수까지는 연한 적갈색이고 등과 허리는 연한 갈색이다. 가슴과 배는 흰색을 띤다. 겨울이 되면 머리 꼭대기와 뒤통수가 연한 갈색을 띤다. 암컷은 수컷의 머리 꼭대기와 가슴에 있는 검은색 부분이 모두 갈색을 띠어 쉽게 구별된다.

흔히 4~7월에 우리나라보다 북쪽 지역에서 짝짓기를 하고 새끼를 친다. 우리나라 물가 둘레에서 짝짓기를 하는 새도 있다. 모래와 자갈이 많고 움푹 파인 땅을 찾아 지푸라기와 작은 돌을 깐 다음 알을 3~4개 낳는다. 알은 붉은빛이 도는 흰색 바탕에 갈색 점무늬가 있다. 흔히 봄가을에 이동하면서 우리나라에 들른다. 낙동강 어귀나 김포 모래밭에서 쉬어 간다. 남쪽 바닷가에서는 겨울을 나기도 한다.

사는 곳 바닷가, 강, 저수지
먹이 갯지렁이, 물벌레, 거미, 새우
분포 우리나라, 중국, 일본, 러시아, 유럽
구분 나그네새

깍도요 *Gallinago gallinago* / Common Snipe

깍도요는 사람이나 천적이 다가가면 가만히 숨어 있다가 가까워졌을 때 '꺅, 꺅' 하고 짧고 큰 소리를 내면서 튀듯이 날아오르는 버릇이 있어서 이런 이름이 붙었다.

바닷가에서 사는데 낮에는 덤불 속에 숨어서 쉬다가 해 질 무렵부터 먹이를 찾기 시작한다. 물기가 있는 논이나 냇가의 개흙 바닥에 긴 부리를 푹푹 꽂으면서 작은 물고기, 새우, 소라 같은 것을 잡아먹는다. 때로는 물풀이나 풀씨도 먹는다. 움직임이 빠르고 어디든지 잘 숨으며 하늘을 날 때는 갈지자를 그리면서 난다.

몸길이는 27cm쯤 된다. 부리가 곧고 길며 암수 생김새가 같다. 몸 위쪽은 연한 황갈색 바탕에 갈색과 검은색 무늬가 있고 배는 흰색을 띤다. 뒤통수에서부터 부리까지 흑갈색 줄이 이어진다. 날 때 날개 아래쪽을 보면 가장자리에 흰색 띠가 뚜렷하다. 몸집에 비해 다리가 짧다.

3~7월에 러시아 물가에 있는 풀밭에서 짝짓기를 한다. 둥지는 물가에서 떨어져 있는 땅 위의 오목한 곳에 접시처럼 짓고 바닥에는 마른풀을 깐다. 알은 한 번에 5개쯤 낳는데, 녹갈색이나 연갈색 바탕에 흑갈색이나 갈색 무늬가 흩어져 있다. 우리나라에는 새끼 치러 북쪽으로 가는 봄과, 겨울을 나러 남쪽으로 이동하는 가을에 들러 먹이를 먹고 쉬어 간다. 남부 지방에 몇 마리씩 남아 겨울을 나기도 한다.

사는 곳 바닷가, 논, 갯벌, 호수
먹이 물고기, 새우, 게, 지렁이, 벌레, 물풀
분포 우리나라, 중국, 일본, 몽골, 러시아
구분 나그네새

마도요 *Numenius arquata* / Eurasian Curlew

도요목 도요과

마도요는 우리나라 도요 가운데 알락꼬리마도요와 함께 몸집과 부리가 가장 크고 긴 도요다. 학명에 담긴 '초승달'이란 뜻도 아래로 살짝 굽은 부리 생김새에서 온 것이다.

바닷가 갯벌이나 냇가에서 무리 지어 산다. 썰물 때 갯벌이 드러나면 긴 부리로 바닥을 깊숙이 찔러 가면서 먹이를 찾는다. 갯지렁이, 게, 새우, 조개를 잡아먹는데, 게를 먹을 때는 다리를 떼어 낸 뒤 몸통만 통째로 삼킨다. 종종 괭이갈매기나 재갈매기 무리가 달려들어 잡은 먹이를 빼앗아 가기도 한다.

몸길이는 60cm쯤 된다. 부리만 13~16cm 되는데 머리 길이보다 3배나 긴 데다 끝에 날카로운 신경이 있어서 갯벌 깊숙이 있는 먹이를 잘 찾아낸다. 머리와 몸 위쪽은 연한 황갈색 바탕에 진한 갈색 줄무늬가 있다. 배와 옆구리, 아래꼬리덮깃은 흰색이고 꽁지에는 흰색과 검은색으로 이루어진 가로무늬가 있다. 다리는 회청색이다.

5월에 유럽이나 시베리아 물가에서 짝짓기를 한다. 둥지는 땅 위에 접시처럼 짓고, 바닥에는 마른풀을 깐다. 연한 풀색이나 청회색 바탕에 갈색 무늬가 있는 알을 4개쯤 낳는다. 새끼를 치러 오가는 봄가을에 우리나라에 들러 쉬어 가는 나그네새다. 겨울은 동남아시아, 인도, 아프리카, 일본에서 나는데 우리나라 서해안 강화도와 유부도, 금강 어귀 갯벌에서도 해마다 겨울을 나는 무리를 볼 수 있다.

사는 곳 바닷가, 냇가, 연못
먹이 갯지렁이, 게, 새우, 조개, 물고기
분포 우리나라, 중국, 일본, 동남아시아
구분 나그네새

청다리도요 *Tringa nebularia* / Common Greenshank

도요목 도요과

청다리도요는 다리 색이 푸른색을 띠는 도요다. 영어 이름에도 '녹색 다리'라는 뜻이 담겨 있다. 북녘에서는 푸른다리도요라고 부른다.

바닷가 갯벌이나 저수지의 얕은 물가에서 산다. 2~3마리에서 많게는 70~80마리까지 무리를 짓는데, 흔히 사람이 드문 이른 아침과 저녁에 움직인다. 얕은 물속에 들어가 휘젓고 다니면서 먹이를 찾는다. 긴 부리를 써서 망둑어 같은 물고기나 물벌레, 지렁이, 조개를 잡아먹는다. 날면서 '뾰뵤보봉' 하고 특이한 소리를 낸다.

몸길이는 32cm쯤 된다. 여름에는 머리 꼭대기와 몸 위쪽이 흰색 바탕에 검은빛을 띤 회색 무늬가 있다가 겨울이 되면 무늬가 흑갈색으로 바뀐다. 가슴과 배는 흰색이다. 부리는 끝이 위로 조금 휘었고 다리는 황록색을 띤다.

4~5월에 러시아 북쪽 물가에서 짝짓기를 한다. 둥지는 물가 둘레 풀밭이나 이끼가 있는 땅에 접시처럼 짓고 바닥에는 풀 줄기나 이끼를 깐다. 연한 황갈색 바탕에 적갈색 무늬가 있는 알을 3~5개 낳아 어미가 25일쯤 품으면 새끼가 나온다. 겨울은 인도나 동남아시아, 오스트레일리아처럼 따뜻한 곳에서 난다. 우리나라에는 봄가을에 들러 바다나 바다와 가까운 저수지, 냇가에서 먹이를 먹으며 쉰다. 도요 무리 가운데서는 찾아오는 수가 많은 편이다. 낙동강 어귀나 서해안 갯벌에서 흔히 볼 수 있다.

사는 곳 바닷가, 냇가, 연못, 저수지, 논
먹이 물고기, 물벌레, 조개, 달팽이, 올챙이
분포 우리나라, 중국, 일본, 러시아, 인도
구분 나그네새

삑삑도요 *Tringa ochropus* / Green Sandpiper

도요목 도요과

삑삑도요는 '삐삐삐삑' 하고 날카로운 소리로 우는 도요다. 북녘에서는 뻭뻭도요라고 한다.

냇가나 강 같은 민물에서 혼자 살거나 2~3마리씩 작은 무리를 짓고 산다. 도요 무리 가운데 다리 길이가 짧은 편이라 땅 위를 걸을 때는 오리처럼 뒤뚱거린다. 사람이나 천적이 다가가면 갈지자로 날아올라 멀리 도망쳤다가 1시간은 지나야 돌아온다. 물가 둘레를 걸어 다니면서 지렁이나 물벌레 같은 동물성 먹이를 잡아먹는다.

몸길이는 24cm쯤 된다. 여름에는 머리 꼭대기, 등, 날개가 흑갈색이고 흰색 점이 흩어져 있다. 멱에는 연한 갈색 세로무늬가 있으며 배는 흰색, 다리는 녹갈색을 띤다. 겨울이 되면 몸 색이 전체적으로 옅어진다.

5~6월에 러시아 물가에서 짝짓기를 한다. 둥지는 물가 둘레에서 올빼미나 어치가 쓰던 묵은 둥지를 찾아 쓴다. 때로는 풀밭 위에 나뭇가지를 쌓아 둥지를 짓기도 한다. 연한 풀색이나 황갈색 바탕에 자갈색과 회색 무늬가 있는 알을 4개 낳는다. 어미가 20일쯤 품으면 새끼가 알을 깨고 나온다. 겨울은 우리나라보다 따뜻한 인도, 아프리카, 동남아시아에서 난다. 우리나라에는 봄가을에 들러 쉬었다 가는데 남부 지방에서는 몇 마리씩 남아 겨울을 나기도 한다.

사는 곳 냇가, 강, 논, 저수지, 늪
먹이 지렁이, 거미, 물벌레, 새우, 게
분포 우리나라, 중국, 일본, 몽골, 러시아
구분 나그네새

좀도요 *Calidris ruficollis* / Red-necked Stint

도요목 도요과

도요 무리 가운데 몸집이 가장 작아서 좀도요라고 부른다.

바닷가 갯벌이나 연못 같은 물가에서 산다. 흔히 5~6마리씩 작은 무리를 지어 다니는데, 좀도요끼리 모이기도 하고 민물도요, 넓적부리도요, 뒷부리도요와 섞여 다니기도 한다. 물에 사는 조개, 게, 가재를 먹고 벌레와 갯지렁이도 잘 잡아먹는다.

몸길이는 15cm쯤이고 부리 길이는 1.7~2cm 된다. 여름에는 머리 꼭대기, 멱, 등이 갈색이고 날개는 갈색 바탕에 흑갈색과 흰색 무늬가 섞여 있다. 머리 꼭대기와 가슴, 등에는 주황색 무늬가 퍼져 있다. 가슴과 배는 흰색이고 부리와 다리는 검은색이다. 겨울에는 여름에 갈색이었던 부분이 회색으로 바뀌면서 수수해진다. 어깨에만 연한 갈색이 남아 있다.

6~7월에 러시아 북쪽의 툰드라에서 짝짓기를 한다. 땅바닥 위 오목한 곳에 접시처럼 생긴 둥지를 틀고 바닥에는 이끼와 마른풀을 깐다. 연한 황갈색 바탕에 적갈색 무늬가 있는 알을 4개 낳으면 암수가 함께 품고 기른다. 새끼를 치고 난 8월 초에 도요 무리 가운데 가장 먼저 우리나라를 찾아온다. 예전에는 서해안에 1,000마리가 넘는 좀도요 무리가 많이 왔다지만 늪이나 갯벌이 점점 사라지면서 요즘에는 10~50마리로 줄었다. 부산 을숙도에서도 해마다 50마리쯤 되는 좀도요가 쉬어 간다.

사는 곳 바다, 연못, 늪, 염전, 냇가
먹이 조개, 갯지렁이, 게, 가재, 새우, 벌레
분포 우리나라, 중국, 일본, 동남아시아, 러시아
구분 나그네새

민물도요 *Calidris alpina* / Dunlin

도요목 도요과

민물도요는 민물에서 사는 도요라는 뜻으로 붙인 이름이다. 그러나 실제로 민물도요는 바닷가 갯벌이나 민물과 바닷물이 만나는 강어귀에서 산다. 그런 까닭인지 북녘에서는 민물도요를 두고 갯도요라고 부른다. 사는 곳으로 보자면 북녘에서 부르는 이름이 더 어울린다고 할 수 있다. 여럿이 무리 지어 물 위에서 오르내리며 난다. 흔히 갯벌 위를 걸어 다니면서 갯지렁이와 게, 새우를 잡아먹고 풀씨나 물고기도 먹는다.

몸길이는 20cm쯤 된다. 부리는 길고 아래로 조금 굽었다. 여름에는 머리 꼭대기와 등이 적갈색 바탕에 흑갈색 무늬가 있고 배는 흰색 바탕에 검은색 무늬가 있다. 다리는 길고 검은색이다. 겨울에는 몸 위쪽이 회갈색으로 차분하게 바뀌고 배는 흰색이 된다.

5~6월에 우리나라보다 서늘한 유럽과 북아메리카 물가에서 새끼를 친다. 둥지는 땅바닥이나 나뭇가지에 접시처럼 만들고 바닥에는 마른풀이나 이끼를 깐다. 알은 3~4개 낳는데 청갈색 바탕에 자갈색이나 회갈색 무늬가 있다. 20일 남짓 품으면 새끼가 태어난다. 새끼를 다 치고 나면 많은 수가 오스트레일리아나 아프리카로 내려가 겨울을 난다. 흔히 이동하는 봄가을에 서해 갯벌에 들러 쉬는 모습을 볼 수 있는데, 우리나라를 찾아오는 도요 무리 가운데 가장 수가 많다. 남쪽 지방에서 겨울을 나는 무리도 있다.

사는 곳 바닷가, 강어귀, 갯벌
먹이 게, 새우, 갯지렁이, 물고기, 풀씨
분포 우리나라, 중국, 일본, 러시아, 유럽
구분 나그네새

괭이갈매기 *Larus crassirostris* / Black-tailed Gull

도요목 갈매기과

　울음소리가 고양이가 내는 소리와 비슷해 고양이의 준말인 '괭이'를 써서 괭이갈매기라고 한다. 북녘에서는 꽁지에 검은색 띠가 있다고 검은꼬리갈매기나 개갈매기라고 부른다.

　흔히 바닷가를 날아다니면서 물고기를 먹고 산다. 횟집에서 나오는 물고기 내장을 먹으려고 몰려들기도 하고, 매어 놓은 배 둘레를 돌아다니면서 먹이를 찾기도 한다. 항구 가까이 살기 때문에 원양 어선 타는 사람들은 괭이갈매기를 보고 항구가 가깝다는 것을 안다고 한다.

　몸길이는 46cm쯤으로 우리나라에 사는 갈매기 무리 가운데 몸집이 중간쯤 된다. 머리, 가슴, 배는 흰색이고 등은 진한 회색이다. 겨울이 오면 뒤통수에 갈색 기운이 돈다. 꼬리는 검은색을 띤다. 부리는 노란색인데 끝에 붉은색과 검은색이 섞여 있다. 다리는 노란색이다.

　4~6월에 우리나라에서 짝짓기를 한다. 갈매기 무리가 다 그렇듯 수컷은 멸치 같은 먹이를 물어다 암컷한테 선물해서 마음을 얻는다. 무인도 풀밭이나 땅 위 오목한 곳에 마른풀을 깐 다음 알을 낳는다. 이틀에 1개씩 모두 3개를 낳는데, 크기는 달걀만 하고 연한 갈색에 흑갈색 무늬가 있다. 새끼가 나오면 어미가 한두 달 키운 다음 바다로 데리고 간다. 우리나라 안에서 날씨에 따라 이동하며 사는 텃새다. 충남 태안의 난도와 경남 통영의 홍도, 전남 영광 칠산도는 괭이갈매기의 집단 번식지로서 천연기념물로 지정해 보호하고 있다.

사는 곳 바닷가, 강어귀
먹이 물고기, 벌레, 물풀
분포 우리나라, 중국, 일본, 동남아시아
구분 텃새

붉은부리갈매기 *Larus ridibundus* / Black-headed Gull

번식깃

비번식깃

도요목 갈매기과

우리나라에 머무는 겨울철이면 부리와 다리가 붉은색을 띠는 갈매기다.

바닷가 항구나 강어귀에서 무리 지어 산다. 비슷하게 생긴 검은머리갈매기 무리와 섞일 때가 많다. 검은머리갈매기는 하늘을 날다가 먹이가 보이면 곧바로 내려와 잡지만, 붉은부리갈매기는 먹이 둘레에 내려앉은 다음 먹이가 있는 곳까지 걸어가서 잡는다. 물고기는 물론 게, 벌레, 쥐까지 고루 먹는다. V자를 이루면서 날고 쉴 때는 한쪽 다리를 든 채로 서 있는다. 천적이 다가가면 한꺼번에 날아오르면서 거친 소리로 운다. 때로는 부딪칠 듯이 몸을 바짝 들이대며 공격하기도 한다.

몸길이는 40cm쯤 된다. 여름에는 머리가 흑갈색이고 뒤통수와 몸통은 흰색이다. 날개는 회색이며 부리와 다리는 어두운 붉은색을 띤다. 짝짓기가 끝나면 머리는 흰색 바탕에 검은색 얼룩이 생기고 날개는 청회색으로 바뀐다. 부리와 다리는 밝은 붉은색이 된다.

4~7월에 러시아의 작은 섬에서 무리를 지어 새끼를 친다. 움푹 파인 땅에 둥지를 짓고 알을 2~4개 낳는데, 청갈색 또는 연녹색 바탕에 흑갈색 얼룩이 있다. 갓 태어난 새끼가 다 자라는 데는 2년이 걸린다. 새끼를 치고 나면 우리나라로 찾아와 겨울을 나고 이듬해 봄에 다시 북쪽으로 날아간다. 우리나라 바닷가에서 가장 많이 볼 수 있는 새로 낙동강 어귀에서는 해마다 200~600마리씩 큰 무리를 지어 겨울을 난다.

사는 곳 바닷가, 강어귀, 호수
먹이 물고기, 게, 벌레, 쥐, 죽은 동물
분포 우리나라, 일본, 중국, 러시아
구분 겨울 철새

검은머리갈매기 *Larus saundersi* / Saunders's Gull

검은머리갈매기는 짝짓기 무렵이면 머리 부분이 검은색을 띠는 갈매기다. 자주 섞여 다니는 붉은부리갈매기와 비교했을 때 검은 부리가 눈에 띄어서 검은부리갈매기라고도 부른다.

바닷가 갯벌과 강어귀에서 산다. 흔히 갯벌에서 게, 새우, 갯지렁이를 잡아먹는다. 바다 위에서 낮은 높이로 천천히 날다가 물속에서 헤엄치는 물고기를 잽싸게 낚아채기도 한다.

몸길이는 32cm쯤 된다. 암수 생김새는 비슷하지만 몸집은 수컷이 좀 더 크다. 여름에는 머리가 검고 멱과 가슴은 흰색이다. 등과 날개는 연한 회색인데 끝은 검은색을 띤다. 부리는 검은색이고 다리는 붉은색이다. 겨울에는 머리 꼭대기가 흰색 바탕이고 검은 얼룩무늬가 있다.

우리나라와 중국 바닷가에 한 해 내내 살면서 갯벌에서 짝짓기를 하고 새끼도 친다. 암수가 부리를 써서 서로 깃털을 다듬어 주기도 한다. 둥지는 식물이 자라는 땅 위에 물풀을 쌓아서 접시처럼 만든다. 회흑색 바탕에 검은색 무늬가 있는 알을 4개쯤 낳아 한 달 가까이 품으면 새끼가 태어난다. 알을 품거나 새끼를 키우고 있을 때 천적이 다가가면 암수가 같이 힘을 모아 무섭게 공격하면서 쫓아낸다. 갈매기 무리 가운데 가장 희귀해서 알려진 바로는 지구에 사는 검은머리갈매기가 모두 1,000마리 정도밖에 안 된다고 한다. 그 가운데 순천만에서 겨울을 지내는 무리가 100~200마리쯤 된다. 서해안 갯벌에서도 드물게 볼 수 있다. 멸종 위기 2급이다.

사는 곳 갯벌, 바닷가, 강어귀
먹이 물고기, 게, 새우, 가재, 갯지렁이
분포 우리나라, 중국, 러시아
구분 텃새

제비갈매기 *Sterna hirundo* / Common Tern

도요목 갈매기과

제비갈매기는 제비처럼 날쌔고 꽁지가 제비처럼 두 가닥으로 길게 뻗어 있는 갈매기다. 북녘에서는 검은머리소갈매기라고 부른다.

호수나 늪 둘레의 갈대숲에서 산다. 물 위를 천천히 날아다니다가 먹잇감을 보면 5~6m 높이에서 다이빙하듯 뛰어들어 잡아먹는다. 물에 사는 게, 새우, 작은 물고기는 물론 딱정벌레, 잠자리 같은 벌레도 먹는다. 이동할 때는 2~4마리에서 200~300마리씩 무리를 지어 다닌다. 비행을 하다 지치면 모래밭이나 말뚝 위에 앉아 쉬면서 부리로 날개깃을 다듬는다.

몸길이는 35cm쯤 된다. 부리 위부터 머리 꼭대기를 지나 목덜미까지는 검은색이고 등과 날개는 회색이다. 가슴과 배는 흰색이고 부리는 검은색, 다리는 적갈색이나 검은색이다. 겨울이 되면 검은색이었던 이마와 눈 둘레가 흰색으로 바뀐다. 날 때는 제비처럼 긴 꽁지가 눈에 띈다.

5~8월에 몽골과 러시아 물가에서 짝짓기를 하고 새끼를 친다. 둥지는 호숫가나 갈대밭이 있는 진흙땅 위에 튼다. 마른풀을 높게 쌓아 화산처럼 지은 다음 알을 2~3개 낳는다. 20일 남짓 알을 품으면 새끼가 태어난다. 새끼를 치고 10월쯤 되면 따뜻한 남아프리카와 오스트레일리아로 이동하는 길에 우리나라에 들른다. 봄가을마다 동해, 을숙도, 천수만 들에서 먹이를 먹으며 지친 몸을 쉬어 간다. 심지어 남극 대륙 둘레에서도 볼 수 있다.

사는 곳 호수, 늪, 갯벌, 모래밭
먹이 게, 새우, 벌레, 물고기
분포 우리나라, 중국, 일본, 러시아, 몽골, 아프리카
구분 나그네새

멧비둘기 *Streptopelia orientalis* / Oriental Turtle Dove

비둘기목 비둘기과

멧비둘기는 마을이나 도시 한가운데서 보이는 집비둘기와 달리 낮은 산에서 많이 보인다. 이름에 산을 뜻하는 '멧'이 들어가는 것도 그 때문이다.

산이나 논밭 둘레를 날아다니면서 산다. 흔히 낟알이나 나무 열매를 먹고 여름에는 메뚜기나 다른 벌레도 잡아먹는다. 사람들이 키우는 콩, 벼를 먹어서 미움을 받을 때도 있다.

몸길이는 33cm쯤 되고 암수가 비슷하게 생겼다. 온몸이 보라색이 도는 회갈색을 띤다. 목에는 청회색과 검은색으로 이루어진 둥그스름한 무늬가 있다. 날개에는 적갈색과 흑갈색이 섞여 있고 꽁지는 흑갈색이다. 눈은 황갈색이나 붉은색을 띠며 다리는 붉은색이다.

우리나라에서 한 해 내내 살면서 많게는 2~3번까지 새끼를 친다. 그래서 사람들은 다정한 부부 사이를 두고 비둘기 같다고 말한다. 둥지는 논밭 둘레 바늘잎나무 위에 작은 나뭇가지를 쌓아 짓는다. 흰색 알을 2개 낳아 보름 남짓 품으면 새끼가 알을 깨고 나온다. 어미는 목구멍에 있는 모이주머니에서 나오는 비둘기 젖을 새끼한테 먹인다. 사람 젖처럼 영양이 풍부해서 갓 태어난 새끼가 잘 자랄 수 있게 돕는다. 며칠 지나면 콩이나 나무 열매를 먹고 반쯤 소화시킨 것을 게워 내서 먹이는데, 이것도 갓 태어난 새끼가 음식 소화를 잘할 수 있도록 도우려는 것이다. 우리나라 말고도 일본, 중국, 시베리아 남쪽에서도 새끼를 친다.

사는 곳 산, 논밭, 마을
먹이 낟알, 나무 열매, 벌레
분포 우리나라, 일본, 중국, 몽골
구분 텃새

뻐꾸기 *Cuculus canorus* / Common Cuckoo

두견이목 두견이과

생김새가 뻐꾸기와 많이 닮았지만 '뻐꾹, 뻐국' 소리를 내는 게 아니라 '궁궁궁, 궁궁궁' 하고 쥐어짜는 듯한 소리를 낸다고 벙어리뻐꾸기라고 부른다. 북녘에서는 궁궁새라고도 한다.

탁 트인 들판보다는 깊은 산속의 울창한 숲에 많이 산다. 오래된 나무 꼭대기에 자주 앉는 버릇이 있다. 나뭇가지 사이를 날아다니면서 나방의 애벌레나 벌, 매미, 딱정벌레, 메뚜기 같은 벌레를 잡아먹는다. 논밭에서 해충을 잡아먹어 농사에 도움을 주기도 한다.

몸길이는 30cm쯤 되고 뻐꾸기와 닮았지만 몸 색이 더 진하다. 몸 위쪽은 진한 회색이고, 가슴과 배는 황갈색 바탕에 검은색 가로 줄무늬가 있다. 암컷도 비슷하게 생겼지만 때때로 등이 적갈색을 띤다.

뻐꾸기보다 조금 이른 4~5월에 우리나라에서 짝짓기를 시작한다. 수컷은 거의 하루 종일 울음소리를 내면서 짝짓기 할 암컷을 찾는다. 짝짓기를 마친 암컷은 뻐꾸기처럼 산솔새나 멧새 둥지에 몰래 알을 낳는다. 둥지마다 1개씩 모두 5개쯤 낳는데 흰 바탕에 갈색 무늬가 있다. 뻐꾸기 무리가 다 그렇듯 태어난 새끼는 둥지에 있는 다른 알과 새끼들을 밖으로 밀어 내고 둥지를 독차지한 다음 가짜 어미한테서 먹이를 받아먹고 자란다. 그래야 자기 혼자 먹이를 받아먹고 살 수 있기 때문이다. 어미는 남의 둥지에 새끼를 맡기고도 둥지를 찾아가 울음소리를 내면서 새끼를 가르친다. 전국의 울창한 산에서 울음소리를 들을 수 있다.

사는 곳 숲
먹이 나방 애벌레, 벌, 매미, 메뚜기
분포 우리나라, 중국, 일본, 러시아, 유럽
구분 여름 철새

소쩍새 *Otus sunia* / Oriental Scops Owl

올빼미목 올빼미과

소쩍새는 '소쩍, 소쩍' 하고 운다고 붙은 이름이다. 북녘에서는 '접동, 접동' 운다고 접동새라고 부른다.

깊은 산속이나 숲에 살지만 밤에는 낮은 산이나 공원까지 내려오기도 한다. 낮에는 숲 속 나무 구멍 속이나 나뭇가지에서 잠을 자고, 초저녁부터 새벽까지 날아다니며 먹이를 구하는 야행성 새다. 날 때는 소리 없이 날개를 펄럭인다. 흔히 쥐나 벌레를 잡아먹고 풀씨도 먹는다.

몸길이는 20cm쯤으로 올빼미과 새 가운데 몸집이 가장 작다. 암수 모두 몸이 갈색 바탕에 검은색 세로줄 무늬가 있으며 눈은 노란색이다. 머리에는 긴 귀깃이 있고 부리는 흑갈색인데 끝이 갈고리처럼 굽어 있다. 큰소쩍새와 달리 발가락에 털이 없다. 8~10월에 털갈이를 한다.

5~6월에 우리나라에서 짝짓기를 하는데 수컷이 울음소리를 내면서 암컷을 부른다. 크고 오래된 나무 구멍을 찾아 둥지로 쓰고 바닥에는 마른풀을 깐다. 때로는 까치가 쓰다 버린 둥지를 쓰기도 한다. 희고 둥근 알을 3~5개 낳아서 암컷이 25일 동안 품는다. 새끼가 태어나면 암수가 함께 먹이를 물어다 나르며 21일쯤 기른다. 새끼를 치고 난 9~10월이면 우리나라보다 따뜻한 중국 남부와 동남아시아로 날아가서 겨울을 난다. 인도와 아프리카에서는 한 해 내내 산다. 수가 많이 줄어 천연기념물 제324-6호로 지정하고 있다.

사는 곳 산, 숲, 공원
먹이 쥐, 벌레, 거미, 풀씨
분포 우리나라, 일본, 중국, 동남아시아, 인도, 아프리카
구분 여름 철새

수리부엉이 *Bubo bubo* / Eurasian Eagle-Owl

올빼미목 올빼미과

　수리부엉이라는 이름에는 수리처럼 크고 날쌔며 용맹스런 부엉이라는 뜻이 담겨 있다. 서양에서는 지혜의 상징으로 통한다.

　벼랑이나 바위가 많은 산 둘레에서 산다. 낮에는 바위틈이나 나무 위에서 잠을 자거나 쉬고, 날이 어두워지면 움직이기 시작해서 해가 뜰 무렵까지 먹이를 찾아 날아다닌다. 소리 없이 파도 꼴로 날면서 벌레나 작은 쥐부터 온갖 동물을 잡아먹는다. 소화하지 못한 털과 뼈는 다시 게워 낸다. 둥지 속에 꿩이나 토끼 같은 먹이를 모아 두는 버릇이 있다.

　몸길이는 70cm쯤으로 올빼미과 새 가운데 몸집이 가장 크다. 온몸이 황갈색을 띠는데 등과 날개에는 검은색과 흑갈색 무늬가 있고 가슴과 배에는 검은색 줄무늬가 가득하다. 머리에 난 귀깃은 귀처럼 쫑긋하게 서 있다. 눈은 적황색이며 발은 황갈색 털로 덮여 있다.

　1~2월에 짝짓기를 한다. 벼랑 중턱, 바위틈, 나무 구멍에 털을 깔고 알을 낳는다. 흰색 알을 2~4개 낳아 35일쯤 품는다. 어미는 새끼가 먹기 좋도록 먹이를 잘게 찢어 먹이면서 35일쯤 키운다. 우리나라를 비롯한 중국, 일본, 러시아, 유럽에서 한 해 내내 사는 텃새로 파주, 주남 저수지 벼랑에서는 해마다 새끼를 친다. 예전에는 흔한 새였으나 갈수록 수가 점점 줄고 있다. 천연기념물 제324-2호이자 멸종 위기 2급이다.

사는 곳 벼랑, 산
먹이 쥐, 꿩, 산토끼, 개구리, 도마뱀
분포 우리나라, 중국, 일본, 러시아, 유럽, 아프리카
구분 텃새

올빼미 *Strix aluco* / Tawny Owl

올빼미목 올빼미과

올빼미의 옛 이름은 온바미다. '온'은 검다는 뜻을 지닌 옛말이니 옛날부터 깜깜한 밤에 다니는 새라는 뜻을 담아 부른 것으로 짐작한다.

흔히 혼자서 낮은 산이나 숲 속에 산다. 낮에는 큰 나무 구멍에 들어가 잠을 자거나 쉬고 밤이 되면 먹이 사냥을 나선다. 귀가 밝아 어둠 속에서도 짐승들이 움직이는 소리를 듣고 찾아갈 수 있다. 부드러운 날개로 소리 없이 날아다니면서 쥐와 새, 벌레, 토끼, 개구리 같은 동물성 먹이를 고루 잡아먹는다. 큰 먹이는 날카로운 발톱으로 먹이를 움켜쥔 다음 부리로 잘게 찢어 먹고 소화되지 않은 털과 뼈는 덩어리로 게워 낸다.

몸길이는 38cm쯤 되고 암수가 비슷하게 생겼다. 전체적으로 회색 바탕에 흑갈색 무늬가 있다. 머리는 몸에 비해 크고 둥글며 부엉이 무리와 달리 귀깃이 없다. 둥근 눈은 검은색이고, 노란 부리는 짧지만 튼튼하며 갈고리처럼 끝이 굽어 있다. 발목부터 발가락까지 흰색 털로 뒤덮여 있는데, 발가락은 두 개는 앞, 두 개는 뒤를 보고 있다.

2~3월쯤 되면 아기 울음소리와 비슷한 소리를 내면서 짝을 찾고 짝짓기를 한다. 마을 둘레에 있는 소나무나 밤나무 구멍에 흰색 알을 2~4개 낳고 22일쯤 품으면 새끼가 깨어난다. 갓 태어난 새끼 몸에는 하얗고 부드러운 깃털이 있다. 우리나라에서 한 해 내내 사는 텃새로 일본이나 중국, 몽골에서도 산다. 천연기념물 제324-1호이자 멸종 위기 2급이다.

사는 곳 산, 숲, 마을
먹이 쥐, 새, 벌레, 토끼, 개구리
분포 우리나라, 일본, 중국, 몽골, 러시아
구분 텃새

솔부엉이 *Ninox scutulata* / Brown Hawk-Owl

올빼미목 올빼미과

솔부엉이는 이름처럼 소나무가 많은 곳에서 사는 부엉이다. 다른 부엉이 무리들 머리에는 쫑긋한 귀깃이 있지만 솔부엉이는 올빼미처럼 귀깃 없이 머리가 매끈한 것이 특징이다.

낮은 산이나 숲처럼 소나무를 비롯한 여러 가지 나무가 많은 곳에서 산다. 흔히 낮에는 자고 해가 진 뒤에야 먹이를 구하러 날아다닌다. 긴 날개를 소리 없이 펄럭이면서 나무에 붙어 사는 매미를 비롯해 날아다니는 벌레를 잡아먹는다. 때로는 박쥐나 작은 새도 먹는다.

몸길이는 29cm쯤 되고 암수가 비슷하게 생겼다. 머리와 등은 진한 밤색이고 가슴과 배는 흰색 바탕에 밤색 세로줄 무늬가 있다. 꽁지에는 흑갈색 가로띠가 있으며 부리는 흑갈색, 발은 노란색이다. 눈은 둥글고 노란색을 띤다.

5~7월에 우리나라에서 짝짓기를 하고 숲 속 나무 구멍이나 묵은 까치 둥지에 자리 잡는다. 사람이 달아 놓은 둥지에서도 곧잘 알을 낳는다. 둥글고 흰색을 띠는 알을 3~5개씩 낳아 25일쯤 품으면 새끼가 나온다. 알을 품고 새끼를 키우는 동안 천적이나 사람이 둥지 가까이 가면 어미는 갑자기 덮치면서 위협한다. 새끼를 다 키우고 나면 가을에는 따뜻한 동남아시아로 날아가 겨울을 난다. 필리핀, 방글라데시, 인도 들에서는 한 해 내내 산다. 천연기념물 제324-3호로 보호하고 있다.

사는 곳 산, 소나무 숲, 공원
먹이 벌레, 박쥐, 새, 뱀, 개구리
분포 우리나라, 일본, 중국, 몽골, 동남아시아
구분 여름 철새

쇠부엉이 *Asio flammeus* / Short-eared Owl

올빼미목 올빼미과

쇠부엉이란 작은 부엉이라는 뜻이다. 올빼미과 새 가운데서는 몸집이 중간쯤 되는데, 솔부엉이나 소쩍새보다는 크다. 아마 몸집이 가장 큰 수리부엉이에 비해 작다는 뜻으로 이런 이름이 붙은 듯하다.

흔히 논밭이 드넓은 들에서 무리를 짓지 않고 혼자 산다. 낮에는 풀밭이나 숲 속 나뭇가지에 앉아서 잠을 자고, 밤에는 파도를 그리며 낮게 날면서 먹이를 찾는다. 폭이 좁고 긴 날개를 천천히 저으며 움직이는데, 흐린 날에는 낮에도 나는 모습을 볼 수 있다. 쥐나 벌레를 즐겨 먹고, 작은 새를 잡아먹기도 한다. 먹다 남은 먹이는 풀 속에 숨겨 놓는다.

몸길이는 41cm쯤 된다. 얼굴이 사람처럼 판판하고 둥글다. 온몸이 황갈색이고 가슴과 배에는 검은색 무늬가 있다. 눈은 노란색이고 흰색 눈썹줄이 있으며 부리는 검은색이다. 다른 부엉이들처럼 귓깃이 있지만 길이가 짧고 누워 있을 때가 많아 잘 보이지 않는다.

4~5월에 몽골이나 러시아에서 짝짓기를 하고 갈대밭이나 풀밭 오목한 곳에 둥지를 튼다. 흰색 알을 4개에서 14개까지 낳는다. 어미가 24~28일 동안 품으면 새끼가 나오고 다시 25일쯤 먹이를 먹이면서 키우면 새끼는 둥지를 떠난다. 북쪽에서 짝짓기를 하고 가을에 우리나라를 찾아와 겨울을 나는 겨울 철새다. 천연기념물 제324-4호로 지정하고 있다.

사는 곳 들, 숲
먹이 쥐, 벌레, 새
분포 우리나라, 몽골, 러시아, 북아메리카
구분 겨울 철새

쏙독새 *Caprimulgus indicus* / Grey-Nightjar

쏙독새목 쏙독새과

해 지는 초저녁 무렵, 산 둘레 풀숲에서 '쏙쏙쏙쏙쏙……' 하고 운다고 쏙독새란 이름이 붙었다. 어두워질 무렵 돌아다니며 우는 것이 소 몰고 집에 가는 소몰이꾼 같다고 소몰이새라고 부르기도 하고, 소 몰던 머슴이 죽어서 새가 되었다고 머슴새나 귀신새라고도 부른다. 북녘에서는 외쏙도기라고 한다.

낮은 산이나 마을 둘레의 우거진 풀숲에서 산다. 낮에는 어두운 숲 속이나 우거진 나뭇가지에 숨어 있기 때문에 가까이 있어도 알아보기 어렵고, 해 질 무렵에서야 울음소리를 듣고 가까이 있음을 알 수 있다. 저녁 때 입을 벌리고 날아다니면서 벌레를 잡아먹는다. 부리는 짧고 작지만 옆으로 긴 입을 벌리면 아주 커서 벌레를 입안에 담듯이 잡을 수 있다.

몸길이는 29cm쯤 된다. 온몸이 흑갈색 바탕에 적갈색이나 황갈색 무늬가 복잡하게 있어서 낙엽 더미나 나뭇가지에 앉으면 거의 눈에 띄지 않는다. 부리 끝이 아래로 굽어 있고 부리 둘레에는 수염이 나 있다. 발가락 네 개는 모두 앞을 보고 있는데, 끝이 거칠거칠해서 깃털을 손질할 때 쓴다. 암컷은 수컷과 달리 날개와 꽁지에 흰색 무늬가 없고 목에 적갈색 무늬가 있다.

5~8월에 우리나라에서 짝짓기를 한다. 둥지는 따로 만들지 않고 숲 속 풀밭이나 낙엽 더미 위에 알을 2개 낳는다. 알은 회백색 바탕에 갈색 무늬가 있다. 새끼를 치고 나면 우리나라보다 따뜻한 동남아시아로 날아간다.

사는 곳 산, 풀숲, 마을, 계곡
먹이 나방, 딱정벌레, 매미, 벌, 메뚜기
분포 우리나라, 중국, 일본, 필리핀, 몽골
구분 여름 철새

파랑새 *Eurystomus orientalis* / Oriental Dollarbird

파랑새목 파랑새과

　파랑새는 산속의 절 둘레에서 많이 보여서 승려새라고도 불린다. 북녘에서는 파랑새나 청조라고 부른다.

　큰키나무가 많은 숲 속이나 논밭 둘레에서 산다. 나무 꼭대기에 앉아 먹이를 찾다가 날아다니는 나방이나 매미, 딱정벌레 같은 벌레가 보이면 날아가 잡은 다음 다시 제자리로 돌아가 먹는다.

　몸길이는 30cm쯤 된다. 이름은 파랑새지만 몸통은 청록색, 날개는 파란색, 머리와 꼬리는 검은색으로 여러 색이 섞여 있다. 붉은색 부리는 짧고 굵으면서 아래로 살짝 굽어 있다. 발은 붉은색인데 발톱은 검은색이다. 날개를 펼치면 날개 아랫면에 흰색 반점이 뚜렷하게 보인다.

　5~7월에 수컷은 마음에 드는 암컷한테 다가가 '객객객' 하는 소리를 내면서 암컷 둘레를 빙빙 돈다. 짝짓기를 하고 나면 오래된 나무 구멍이나 다른 새가 쓰다 버린 둥지를 자기 둥지로 삼는다. 때로는 알을 품거나 새끼를 키우고 있는 까치 둥지에 들어가 주인을 쫓아내고 둥지를 차지한다. 둥지를 마련한 파랑새는 희고 둥근 알을 5개 낳아 20일 남짓 품는다. 새끼가 태어나면 먹이를 잡아다 먹이며 20일쯤 기른 다음 내보낸다. 새끼 치기를 마친 새들은 가을에 동남아시아로 가서 겨울을 나고 이듬해 5월에 다시 돌아온다. 우리나라 말고도 일본, 중국, 몽골, 러시아 곳곳에서 새끼를 친다.

사는 곳 숲, 논밭, 공원, 물가
먹이 나방, 매미, 딱정벌레, 잠자리, 하늘소
분포 우리나라, 중국, 일본, 몽골, 러시아
구분 여름 철새

호반새 *Halcyon coromanda* / Ruddy Kingfisher

파랑새목 물총새과

호반은 호숫가를 뜻한다. 호반새는 호수나 저수지와 같은 물가 둘레에 사는 새라는 뜻으로 붙은 이름이다. 비 내리는 것처럼 '주루루루루룩' 하는 소리를 낸다고 비새라고도 한다.

호숫가나 산속 계곡에 산다. 계곡 둘레 나뭇가지에 앉아 물을 내려다보면서 먹이를 찾는다. 물고기나 가재, 개구리가 보이면 재빨리 내려가 잡고 나뭇가지에 쳐서 기절시킨 다음 먹는다. 딱정벌레나 매미 같은 벌레도 잘 먹는다.

몸길이는 28cm쯤 되고 암수가 비슷하게 생겼다. 몸통이 둥그스름하고 전체적으로 붉은빛을 띤다. 머리 꼭대기부터 등, 날개, 꼬리까지는 적갈색이고 가슴과 배는 연한 주황색이다. 허리에는 하늘색 세로무늬가 있다. 부리는 몸집에 비해 굵고 크며 진한 붉은색을 띤다.

6~7월에 짝짓기를 하고 산속 나무 구멍이나 흙 벼랑에 판 구멍을 둥지로 쓴다. 청호반새처럼 둥지 구멍에 똥을 잔뜩 쌓아 놓아 천적이 오지 못하게 한 다음 알을 낳는다. 흔히 6개쯤 낳는데 둥글고 황백색을 띤다. 우리나라를 비롯한 러시아, 일본, 필리핀, 인도네시아 들에서 새끼를 친다. 필리핀이나 인도네시아에서는 한 해 내내 살지만 우리나라에서 새끼를 친 새들은 동남아시아로 가서 겨울을 나고 이듬해 5월쯤 다시 찾아온다. 1970년대까지는 우리나라에 많은 호반새가 살았다고 하지만 계곡이 오염된 요즘은 보기 힘들다.

사는 곳 호수, 계곡, 저수지
먹이 물고기, 가재, 올챙이, 딱정벌레, 매미
분포 우리나라, 중국, 일본, 동남아시아
구분 여름 철새

청호반새 *Halcyon pileata* / Black-capped Kingfisher

파랑새목 물총새과

호숫가에서 많이 보이는 호반새 가운데 몸 색이 푸른색을 띠는 새다. 영어 이름은 검은 모자를 쓰고 있는 호반새라는 뜻인데, 머리 위쪽의 검은 부분이 모자처럼 보이기 때문이다.

호수나 산속 계곡에서 산다. 높은 나뭇가지에 꼼짝 않고 앉아 있다가 먹잇감을 보면 재빨리 날아들어 잡는다. 먹이를 물고 높은 곳으로 옮긴 다음, 딱딱한 돌이나 나무에 부딪쳐 기절시켜 먹는다. 땅 위를 다니는 쥐나 뱀도 먹고 물속의 물고기나 개구리도 먹는다. 바닷가에 사는 청호반새는 갯벌에서 게를 잡아 다리는 떼어 내고 몸통만 먹는다.

몸길이는 28cm쯤 되고 암수가 거의 비슷하게 생겼다. 머리는 검은색이고 목둘레와 가슴은 흰색이다. 등과 꼬리는 푸른색을 띠는데 햇빛을 받으면 반짝거린다. 날개에는 검은색과 푸른색이 섞여 있다. 배는 주황색, 부리와 다리는 진한 붉은색이라 강렬한 느낌을 준다.

짝짓기 무렵인 5~7월에는 암수가 날카로운 소리를 내면서 서로 쫓고 쫓기듯이 물 위를 날아다닌다. 둥지는 개울가 흙 벼랑에 깊이 1m쯤 되는 구멍을 파서 만든다. 구멍은 비가 들이치지 않도록 땅과 수직을 이루도록 파고, 입구에는 천적이 못 들어오도록 냄새가 고약한 똥을 쌓아 둔다. 알은 4~6개 낳는데 청백색 바탕에 갈색 무늬가 있다. 새끼를 치고 난 가을이면 중국 남부 지방과 동남아시아로 날아가 겨울을 난다.

사는 곳 호수, 계곡, 마을, 바닷가
먹이 쥐, 물고기, 개구리, 뱀, 게, 벌레
분포 우리나라, 중국, 일본, 몽골, 인도
구분 여름 철새

물총새 *Alcedo atthis* / Common Kingfisher

파랑새목 물총새과

물총새는 물가의 나뭇가지에 앉아 있다가 먹잇감이 보이면 마치 총을 쏜 듯 물속으로 재빠르게 내리꽂으면서 물고기를 잡는다. 이름도 이런 모습에서 나온 것으로 보인다. 북녘에서는 물촉새라고 한다.

물이 맑은 강가나 냇가에서 산다. 물가 나뭇가지나 말뚝에 앉아 물속을 살피다가 먹이가 보이면 바로 뛰어들거나 물 위 2~3m까지 날아올랐다가 빠르게 내리꽂아 물고기를 잡는다. 물고기를 물고 나뭇가지로 올라가면 세게 내리쳐 기절시킨 다음, 머리부터 통째로 삼킨다.

몸길이는 15cm쯤 된다. 작은 몸집에 비해 머리가 크고 부리가 길다. 머리 꼭대기와 날개는 청록색이고 등에서 꼬리까지는 선명한 하늘색이다. 가슴과 배는 주황색이며 검은 눈 앞뒤로 주황색 반점이 있다. 부리는 검은색인데 암컷은 아래쪽 부리만 붉은색을 띤다. 발은 암수 모두 붉은색이다.

5~6월이 되면 수컷이 물고기를 잡아 암컷 부리에 물려 주고 암컷이 먹으면 짝짓기를 한다. 둥지는 물가에 있는 흙 벼랑에 구멍을 뚫어 만들고 바닥에는 물고기 뼈를 깐다. 알은 5~7개 낳는데 둥글고 흰색이다. 암컷이 20일쯤 알을 품는 동안 수컷은 열심히 물고기를 잡아서 암컷한테 먹인다. 우리나라에서 새끼를 친 물총새들은 겨울이 오면 거의 따뜻한 중국 남부와 필리핀으로 가지만 몇 마리는 제주도에 남아 겨울을 나기도 한다.

사는 곳 강가, 냇가, 호수, 논
먹이 물고기, 게, 가재, 올챙이, 물벌레
분포 우리나라, 중국, 일본, 필리핀, 몽골
구분 여름 철새

후투티 *Upupa epops* / Common Hoopoe

파랑새목 후투티과

후투티란 이름은 순우리말이다. 뽕나무에 즐겨 앉는 모습을 보고 오디새라고 부르기도 하며, 머리 위에 접었다 폈다 할 수 있는 댕기 깃이 인디언 추장이 쓰는 모자와 비슷하다고 인디언 추장새라고도 한다.

마을 둘레의 논밭이나 풀밭에 혼자 산다. 논밭의 거름 더미와 낙엽 더미를 부리로 헤집거나 땅을 파고 다니면서 먹이를 찾는다. 그 모습이 마치 곡괭이로 밭을 가는 것 같아 조상들은 후투티를 봄을 알리는 새로 여겼다. 여러 가지 딱정벌레, 나비, 벌 같은 벌레와 애벌레, 지렁이 들을 잡아먹는다. 날 때는 댕기 깃과 날개, 꽁지를 활짝 편 채 파도를 그리며 난다.

몸길이는 28cm쯤 되고 암수가 비슷하게 생겼다. 머리 꼭대기에 난 댕기 깃은 모두 15개쯤 되는데, 펼치면 부채를 펼친 것 같은 모습이다. 평소에는 눕혀 놓았다가 놀라거나 천적이 다가가면 활짝 펼치곤 한다. 머리와 등, 가슴은 황갈색이고 아랫배와 날개, 꼬리는 흰색이다. 댕기 깃과 등, 날개, 꼬리에는 검은색 줄무늬가 있다. 검은 부리는 길면서 아래로 굽었다.

3~4월에 짝짓기를 하고 둥지를 짓는 대신 언덕이나 숲에서 딱따구리가 쓰던 나무 구멍을 찾아 둥지로 삼는다. 알은 5~6개 낳는데 흰색이다. 보름 남짓 품어서 새끼가 나오면 지렁이를 물어다 먹이면서 키운다. 우리나라와 중국, 일본에서 새끼를 치고 나면 아프리카, 인도, 동남아시아로 가서 겨울을 난다. 이듬해 3월 초가 되면 다시 찾아온다.

사는 곳 논밭, 마을, 풀밭
먹이 벌레, 애벌레, 지렁이, 거미
분포 우리나라, 중국, 몽골, 동남아시아
구분 여름 철새

쇠딱따구리 *Dendrocopos kizuki* / Japanese Pygmy Woodpecker

딱따구리목 딱따구리과

　쇠딱따구리는 이름처럼 딱따구리과 새 가운데 몸집이 가장 작다. 실제로 보면 참새보다 조금 크다고 느낄 정도다. 북녘에서는 작은딱따구리나 작은배알락딱따구리라고 부른다.

　숲에서 혼자 또는 암수가 함께 산다. 새끼를 치고 나면 쇠박새, 진박새, 오목눈이와 무리를 짓기도 한다. 단단한 꼬리로 몸을 버티고 나무에 앉거나 나무줄기를 빙빙 돌면서 기어오른다. 부리로 나무를 쪼면서 속에 숨어 있는 애벌레나 개미를 찾아 잡아먹는다. 긴 혀를 구멍에 넣어 벌레를 잡는 것도 다른 딱따구리들과 같지만, 먹이를 찾거나 날아다니면서 '끄- 액' 하고 낮은 소리를 내는 것은 쇠딱따구리만이 지닌 특징이다.

　몸길이는 15cm쯤 된다. 암수 생김새가 거의 비슷한데 수컷만 뒤통수에 붉은색 깃이 있다. 머리 꼭대기는 갈색이고 등과 날개는 진한 갈색 바탕에 흰색 무늬가 있다. 눈썹줄과 목은 흰색이고 가슴과 배는 연한 갈색을 띤다.

　5~6월에 짝짓기를 하고 벚나무나 느티나무 줄기에 구멍을 파서 둥지를 만든다. 둥지 바닥에는 나무 부스러기를 깐다. 알은 5~7개 낳는데, 흰색이고 둥글거나 달걀처럼 생겼다. 새끼가 태어나면 암컷이 둥지를 지키고 수컷은 새끼한테 먹일 지렁이나 나무 열매를 구해 나른다. 우리나라에서 한 해 내내 살고 중국, 일본, 시베리아 동쪽 지방에서도 볼 수 있다.

사는 곳 숲, 공원
먹이 벌레, 애벌레, 물고기, 나무 열매
분포 우리나라, 중국, 일본, 만주, 러시아
구분 텃새

오색딱따구리 *Dendrocopos major* / Great Spotted Woodpecker

딱따구리목 딱따구리과

오색딱따구리는 딱따구리과 새 가운데 가장 흔한 새다. 이름은 오색딱따구리지만 실제로는 검은색, 붉은색, 흰색이 섞여 있다. 북녘에서는 알락딱따구리 또는 오색더구리라고 부른다.

나무가 많은 숲에서 산다. 낮에는 날아다니면서 먹이를 찾고 밤에는 나무 구멍 속에서 잔다. 천적이 다가가면 머리를 양쪽으로 흔들면서 시끄러운 소리를 낸다. 다른 딱따구리들처럼 단단한 꼬리를 나무줄기에 댄 채 수직으로 붙어 있기도 하고 줄기를 빙빙 돌면서 오르내리기도 한다. 나무에 구멍을 뚫고 긴 혀를 넣어 벌레를 잡아먹는 것도 마찬가지다.

몸길이는 23cm쯤 된다. 뺨과 배는 흰색이고 목둘레에 있는 검은색 줄이 가슴까지 이어져 있다. 꽁지 아래쪽 깃털은 붉은색을 띤다. 날개는 검은색 바탕에 흰색 무늬가 있는데, 날개를 접고 있을 때 등을 보면 흰색 무늬가 V 자처럼 보인다. 암컷은 머리 꼭대기에 검은색 무늬만 있지만 수컷은 뒤통수가 붉은색이다. 새끼는 이마가 붉은색을 띤다.

5~7월에 수컷이 부리로 나무를 두드리면서 암컷을 불러 짝짓기를 한다. 둥지는 숲 속의 썩은 나무줄기에 구멍을 내서 만든다. 흰색 알을 5~7개 낳아 보름쯤 품으면 새끼가 태어나고, 먹이를 잡아다 먹이면서 20일 남짓 키우면 새끼는 둥지를 떠난다. 우리나라에서 한 해 내내 사는 텃새다.

사는 곳 숲, 마을, 공원
먹이 벌레, 애벌레, 거미, 나무 열매
분포 우리나라, 중국, 일본, 몽골, 유럽
구분 텃새

크낙새 *Dryocopus javensis* / White-bellied Woodpecker

딱따구리목 딱따구리과

크낙새는 우리나라에서만 사는 새다. 크낙새라는 이름은 '클락, 클락' 하는 울음소리에서 왔는데 골락새라고도 한다. 북녘에서는 클락새라고 부른다.

여러 가지 나무가 섞인 숲에 산다. 나뭇가지에는 잘 앉지 않고 줄기만 왔다 갔다 한다. 줄기를 위아래로 빙빙 돌면서 오르내리기도 하고 부리로 줄기를 쪼아 구멍을 낸 다음 속에 있는 벌레를 잡아먹기도 한다. 흔히 벌레와 개미 알, 애벌레를 먹고 나무 열매도 먹는다. 아침 일찍부터 부리로 나무를 두드리면서 자기 영역을 알리는 버릇이 있다.

몸길이는 40cm쯤으로 딱따구리과 새 가운데 몸집이 가장 크다. 수컷은 등이 검은색이고 가슴과 배는 흰색이다. 이마부터 뒤통수까지는 붉은색이라 마치 빨간 모자를 쓴 것처럼 보인다. 뺨에도 붉은색 줄이 있다. 암컷은 수컷과 거의 비슷하지만 머리 꼭대기와 뺨이 검은색을 띤다.

4~6월에 짝짓기를 할 때가 되면 텃세 행동이 더욱 심해진다. 수컷들은 나무줄기를 두드려 큰 소리를 내면서 짝을 부른다. 짝짓기를 하고 나면 크고 오래된 나무에 구멍을 뚫어 둥지를 만든다. 바닥에는 흙과 나무 부스러기를 깐다. 알은 흰색인데 4개쯤 낳는다. 1970년대까지만 해도 경기도 광릉 숲에서 볼 수 있었으나 1980년대부터는 거의 사라졌다. 천연기념물 제197호이자 멸종 위기 1급이다.

사는 곳 숲
먹이 벌레, 애벌레, 나무 열매
분포 우리나라
구분 텃새

청딱따구리 *Picus canus* / Grey-headed Woodpecker

딱따구리목 딱따구리과

　청딱따구리는 딱따구리과 새 가운데 몸이 푸른색을 띤다고 붙은 이름이다. 북녘에서는 풀색딱따구리나 청더구리라고 부른다.

　산속이나 마을 둘레에서 혼자 산다. 나무가 우거지고 그늘진 곳보다는 적당히 햇볕이 들어 벌레가 많이 사는 곳을 찾아다닌다. 꼬리로 몸을 버틴 채 나무줄기에 수직으로 매달려 있거나 나무줄기를 빙빙 돌면서 오르내린다. 먹이를 찾을 때는 부리로 나무를 쪼아 구멍을 낸 다음, 가늘고 긴 혀를 쑥 집어넣어 나무 속을 훑는다. 혀끝이 화살촉처럼 뾰족해서 깊은 곳에 숨어 있던 애벌레나 개미, 매미 같은 벌레가 쉽게 잡혀 나온다. 벌레가 없는 겨울철에는 감 같은 나무 열매를 먹고 산다.

　몸길이는 30cm쯤 된다. 머리는 회색이고 등과 날개는 연두색을 띤다. 목은 흰색이고 아랫배는 연한 회색이다. 날개 끝은 검으며 흰색 가로무늬가 있다. 수컷은 이마에 붉은 점이 있고 눈 앞과 턱에는 검은 줄이 있다. 암컷은 이마에 붉은 점 대신 검은색 세로무늬가 있다. 발은 녹갈색이다.

　우리나라에 한 해 내내 살면서 짝짓기를 한다. 해마다 5월쯤에 오동나무, 참죽나무나 썩은 나무줄기에 구멍을 뚫어 둥지를 만든다. 알은 4~9개 낳는데 흰색을 띤다. 겨울에는 산기슭이나 늪 둘레로 옮긴다. 텃새지만 갈수록 수가 줄고 있다.

사는 곳 산, 마을
먹이 벌레, 애벌레, 나무 열매
분포 우리나라, 일본, 중국, 몽골, 인도
구분 텃새

꾀꼬리 *Oriolus chinensis* / Black-naped Oriole

참새목 꾀꼬리과

꾀꼬리라는 이름은 '꾀꼴, 꾀꼴' 하는 울음소리에서 왔다. 노란색 몸이 눈에 띄어 황조(黃鳥)라고도 부른다. 생김새와 울음소리가 아름다워 예로부터 문학 작품이나 그림에서 많이 다루어 왔다. 학명으로 보아 학자가 중국에서 처음으로 발견한 새로 짐작한다.

낮은 산이나 숲에서 산다. 혼자 또는 암수가 함께 지내는데, 물 목욕을 좋아해서 나무 위에 있다가도 종종 물속으로 들어가 몸을 씻고 다시 올라가고는 한다. 높은 나뭇가지를 옮겨 다니면서 먹이를 찾는다. 여름에는 딱정벌레나 나비 같은 벌레를 잡아먹고 겨울이면 나무 열매를 먹는다. 특히 송충이와 뽕나무 열매인 오디는 꾀꼬리가 즐겨 먹는 먹이다.

몸길이는 25cm쯤 된다. 온몸이 밝고 진한 노란색을 띤다. 눈 앞부터 뒤통수까지 검은색 눈썹줄이 뻗어 있는데, 수컷이 암컷보다 폭이 넓다. 날개와 꽁지에는 검은색 깃이 섞여 있다. 부리는 진한 분홍색이고 다리는 검은색이다.

5~7월에 우리나라에서 짝짓기를 한다. 둥지는 높은 나뭇가지에 나무껍질과 풀뿌리를 엮어서 짓는데 둥글고 속이 깊다. 연한 분홍색 바탕에 갈색 무늬가 있는 알을 3~5개 낳는다. 천적이 둥지에 다가가면 어미는 위에서 내리꽂듯이 날면서 쫓아낸다. 가을에는 다음에 둥지 지을 곳을 살핀 다음 동남아시아로 가서 겨울을 난다. 이듬해 5월이면 돌아와 작년에 보아 둔 둥지 터를 찾아 곳곳으로 흩어져 짝을 찾고 알을 낳는다.

사는 곳 산, 숲, 마을, 공원
먹이 애벌레, 벌레, 거미, 나무 열매
분포 우리나라, 중국, 동남아시아
구분 여름 철새

어치

Garrulus glandarius / Eurasian Jay

참새목 까마귀과

산에 사는데 까치와 닮았다고 산까치라고 부르기도 한다. 학명에는 도토리를 좋아하는 어치의 특성이 담겨 있다. 북녘에서는 깨까치라고 한다.

여러 가지 나무가 우거진 숲에 산다. 여름에 새끼 칠 때는 깊은 산속에서 살다가 겨울이 다가오면 낮은 산으로 옮긴다. 땅 위에서는 참새처럼 두 다리를 모은 채 통통 뛰어다닌다. 먹이를 찾을 때는 나무 사이를 날아다니면서 나뭇잎을 이리저리 뒤진다. 봄여름에는 박새 같은 작은 새나 벌레를 잡아먹고, 가을에는 솔방울 속에 있는 씨앗을 꺼내 먹는다. 도토리가 익으면 부지런히 모아서 나무 구멍이나 나무 틈에 숨겼다가 겨울에 꺼내 먹는다.

몸길이는 34cm쯤 된다. 머리와 가슴은 적갈색이고 등은 회갈색이다. 날개는 검은색과 흰색이 섞여 있는데, 파란색과 검은색이 섞인 가로무늬가 뚜렷하다. 뺨과 이마에는 검은색 얼룩이 퍼져 있다. 부리는 검은색, 꼬리는 적갈색을 띤다.

4~6월에 짝짓기를 하고 깊은 산속 소나무 숲에서 높은 나뭇가지를 찾아 둥지를 튼다. 나무뿌리와 나무껍질, 이끼를 다져 밥그릇처럼 만들고 바닥에는 이끼와 나뭇잎을 깐다. 알은 4~8개 낳는데 청록색 바탕에 갈색 무늬가 있다. 17일쯤 품어서 새끼가 나오면 다시 20일 동안 키워 내보낸다. 우리나라에서 새끼도 치고 겨울도 나는 텃새다.

사는 곳 숲
먹이 새, 쥐, 벌레, 씨앗, 나무 열매
분포 우리나라, 중국, 일본, 몽골, 유럽
구분 텃새

까치 *Pica pica* / Black-billed Magpie

참새목 까마귀과

'카치카치' 또는 '카칵카칵' 하는 소리를 내서 까치라고 한다. 예로부터 우리나라에서는 까치가 울면 반가운 손님이 오거나 좋은 소식이 들려온다고 믿었다. 그만큼 우리와 친근한 새다.

시골 마을은 물론 도시 공원에서도 많이 산다. 쥐나 개구리, 벌레는 물론 낟알이나 나무 열매까지 고루 먹는다. 늦가을이면 먹이를 돌 틈이나 나무 구멍에 숨겨 놓았다가 겨울에 찾아 먹는다. 때로는 과수원에서 키우는 열매를 쪼아 먹어 주인의 미움을 사기도 한다.

몸길이는 45cm쯤 되고 암수가 비슷하게 생겼다. 어깨와 배는 흰색이고 나머지 부분은 검은색이다. 날개와 길게 뻗은 꽁지는 햇빛을 받으면 푸른빛을 띠면서 반짝인다. 부리와 다리도 검은색이다.

해마다 2~5월이면 수컷이 머리 꼭대기의 깃털을 세우면서 암컷 눈길을 끌려고 애쓴다. 짝짓기를 하고 나면 마을 둘레에 있는 나뭇가지에 둥지를 튼다. 작은 나뭇가지를 쌓은 다음 풀뿌리를 덮고 진흙을 붙여 공처럼 둥글게 만든다. 구멍은 옆으로 낸다. 흔히 한 번 만든 둥지는 해마다 고쳐 쓰기 때문에 갈수록 커진다. 알은 2~7개 낳는데 청백색 바탕에 흑갈색 무늬가 있다. 둥지에 천적이 다가가면 날카로운 소리를 내면서 공격하는 척한다. 우리나라 어디서든 쉽게 볼 수 있는 텃새로 유럽이나 미국에서도 흔하다. 1980년대 초에는 까치가 살지 않던 제주도에 까치를 퍼뜨리기도 했다.

사는 곳 마을, 공원
먹이 쥐, 개구리, 벌레, 나무 열매
분포 우리나라, 중국, 타이완, 일본, 유럽
구분 텃새

까마귀 *Corvus corone* / Carrion Crow

참새목 까마귀과

온몸이 까맣다고 까마귀라고 한다. 검은 몸 색과 무덤 둘레에서 음식 찌꺼기를 먹는 습성 때문에 옛날부터 사람들이 불길한 새로 여겨 왔다. 하지만 네 살짜리 아이와 비슷한 지능을 가진 영리한 새다. 둥지에 들어갈 때는 천적이 따라올까 봐 빙빙 돌다가 들어가고, 호두처럼 딱딱한 열매는 하늘에서 떨어뜨리거나 차도에 두었다가 껍데기가 깨지면 알맹이만 먹는다.

산이나 마을 둘레에 산다. 여름에는 암수끼리 살다가 겨울이면 여럿이 무리를 짓는다. 숲과 논을 뒤지면서 먹이를 찾기도 하고, 수리들이 먹이를 먹고 있으면 둘레에서 기웃거리다가 남은 것을 먹기도 한다. 벌레나 작은 새, 새알, 죽은 동물, 낟알과 나무 열매를 가리지 않고 먹는다.

몸길이는 50cm쯤 된다. 몸 전체가 검은색을 띠는데, 햇빛을 받으면 진한 보랏빛으로 반짝거린다. 여름에는 색이 좀 옅어져서 갈색을 띤다. 암컷 생김새는 수컷과 같으나 몸집이 조금 작다.

3~6월에 짝짓기를 한다. 수컷은 암컷한테 잘 보이려고 날개를 늘어뜨리고 꽁지는 편 채 머리를 위아래로 흔들면서 운다. 산속에 있는 나무나 벼랑에 둥지를 튼다. 나뭇가지를 쌓아 밥그릇처럼 만들고 바닥에는 마른풀과 깃털을 깐다. 둥지 지름이 30cm쯤 되는데, 한 번 지으면 해마다 고쳐 쓰기 때문에 점점 커진다. 알은 3~5개 낳는데 청백색 바탕에 흑갈색이나 녹갈색 무늬가 있다. 예전에는 흔했지만 요즘은 보기 드문 새가 되었다.

사는 곳 산, 마을
먹이 쥐, 죽은 동물, 벌레, 낟알, 나무 열매
분포 우리나라, 중국, 일본, 몽골, 유럽
구분 텃새

홍여새 *Bombycilla japonica* / Japanese Waxwing

참새목 여새과

여새 무리 가운데 꼬리 끝과 날개에 있는 붉은색 깃이 돋보이는 새어서 홍여새라고 한다. 머리 위에 뾰족하게 댕기 깃이 서 있고 생김새가 매우 아름답다. 북녘에서는 붉은꼬리여새라고도 부른다.

흔히 시골 마을 둘레나 도시 공원에서 산다. 겨울에는 10마리 안팎으로 무리 지어 다니면서 나뭇가지나 전봇줄에 나란히 앉아 있고는 한다. 황여새 무리와 섞여 다닐 때가 많다. 종종 나무 꼭대기에서 가지를 타고 아래쪽으로 걸어 내려온다. 땅 위에 내려와 물을 먹거나 물 목욕을 할 때도 있다. 1마리가 날아오르면 나머지 새들이 뒤따라 한꺼번에 날아오른다. 팥배나무나 찔레나무, 산사나무 열매를 즐겨 먹고 파리 같은 벌레도 잡아먹는다.

몸길이는 18cm쯤 된다. 몸은 연한 갈색 바탕에 뺨은 주황색이고 눈썹줄은 검은색이다. 머리 꼭대기에는 3cm쯤 되는 댕기 깃이 있으며, 날개에는 푸른색과 검은색 깃이 섞여 있다. 꼬리 끝과 날개에 붉은 깃이 있어 멀리서도 보인다. 암컷은 몸 색이 연하고 꼬리와 날개에 있는 붉은색 깃도 적다.

여름에 시베리아와 중국 북부에서 짝짓기를 한다. 큰키나무 위에 둥지를 틀고 알을 5개쯤 낳아 품는다. 가을에는 우리나라를 비롯한 일본, 동남아시아로 내려와 겨울을 난다. 1960년대까지만 해도 흔해서 잡아다 기르는 일이 많았다지만 요즘에는 수가 많이 줄고 있다.

사는 곳 마을, 공원
먹이 나무 열매, 벌레
분포 우리나라, 중국, 일본, 시베리아
구분 겨울 철새

박새 *Parus major* / Great Tit

참새목 박새과

　박새는 산에서 흔히 볼 수 있는 새로 박새 무리 가운데서도 가장 흔하다. 제주도에서는 박새를 가리켜 비죽새라고도 한다.

　흔히 여름에는 시골 마을 둘레나 산속에서 살다가 겨울이 되면 도시 둘레의 공원이나 아파트로 내려온다. 여름에는 암수가 함께 다니다가 새끼를 치고 나면 진박새, 오목눈이, 동고비 같은 새들과 무리를 짓는다. 주로 나무 위에서 지내면서 여름에는 나무에 붙어 사는 벌레, 애벌레, 거미를 먹고 겨울에는 나무 열매나 솔방울 속 씨앗을 찾아 먹는다.

　몸길이는 14cm쯤으로 박새 무리 가운데 몸집이 큰 편이다. 머리 꼭대기와 멱은 검은색이고 뺨은 흰색이다. 가슴과 배는 흰색인데, 가운데에 멱에서부터 내려온 검은색 세로줄이 있다. 등은 녹회색이고 날개는 회색이다. 날개에는 흰색 띠가 있다. 암수가 거의 비슷하게 생겼지만 짝짓기 무렵에는 수컷 목덜미가 노란색을 띤다. 부리와 다리는 흑갈색이다.

　4~7월에 짝짓기를 하는데 한 해에 두 번씩 할 때가 많다. 짝짓기를 마친 수컷이 암컷을 둥지 틀 만한 곳으로 데리고 다니면 암컷은 한 곳을 골라 둥지를 만든다. 나무 구멍이나 바위틈에 마른풀과 이끼로 만들고, 바닥에는 동물 털이나 나무껍질을 깐다. 황백색 바탕에 갈색 얼룩무늬가 있는 알을 하루에 하나씩 6개에서 14개까지 낳는다. 우리나라 안에서 이동하기 때문에 전국 어디서나 사철 내내 볼 수 있다.

사는 곳 마을, 산, 공원, 절
먹이 벌레, 애벌레, 나무 열매, 솔씨
분포 우리나라, 중국, 일본, 유럽, 러시아
구분 텃새

진박새 *Parus ater* / Coal Tit

참새목 박새과

진박새는 머리와 가슴 색이 두드러지게 새까만 새다. 그래서 학명과 영어 이름에도 검다는 뜻이 담겨 있다. 북녘에서는 깨새라고 한다.

높은 산의 숲 속이나 논밭에서 산다. 흔하지만 몸집이 작아서 눈에 잘 띄지 않는다. 박새 무리가 다 그렇듯 나무를 잘 타서 어떤 나무든 쉽게 오르내리고 거꾸로 매달리기도 한다. 먹이를 구할 때도 나무줄기와 가지를 훑으면서 속에 숨은 벌레와 애벌레를 잡아먹고 나무 열매나 씨앗도 먹는다. 봄에는 단풍나무에 구멍을 뚫어 수액을 먹기도 한다.

몸길이는 10cm쯤으로 박새 무리 가운데 몸집이 가장 작다. 암수가 비슷하게 생겼지만 머리 깃은 암컷이 조금 더 짧다. 머리와 멱, 가슴은 검고 뺨은 희다. 등과 날개는 청회색인데 날개 끝과 꼬리는 진한 회색을 띤다. 날개에 있는 흰색 띠가 두드러지며 배는 회백색이다.

5~7월에 수컷들은 나무 꼭대기에 앉아 지저귀면서 암컷을 부른다. 짝짓기를 하고 나면 딱따구리가 쓰던 둥지나 나무 구멍에 이끼를 깔고 알을 낳는다. 전봇대나 기와지붕, 돌담 구멍을 쓰기도 한다. 알은 5개에서 8개까지 낳는데 흰색 바탕에 연한 자주색 무늬가 있다. 우리나라에서 한 해 내내 살면서 새끼를 치는 텃새로 중국, 일본, 동남아시아, 유럽에서도 산다.

사는 곳 숲, 논밭
먹이 벌레, 거미, 나무 열매, 씨앗
분포 우리나라, 중국, 일본, 동남아시아
구분 텃새

곤줄박이 *Parus varius* / Varied Tit

참새목 박새과

곤줄박이라는 이름이 붙은 것은 머리와 목에 곤색(감색) 줄무늬가 있기 때문이라고도 하고, 고운 줄무늬가 박혀 있기 때문이라고도 한다. 곤줄매기라고도 부른다.

여러 가지 나무가 우거진 숲이나 들에 산다. 발가락 힘이 세서 나뭇가지를 잡고 잘 매달린다. 먹이를 구할 때는 딱따구리처럼 나뭇가지나 줄기를 부리로 톡톡 쳐서 찾는다. 벌레와 애벌레, 거미, 나무 열매를 먹는다. 가을에는 먹이를 나무줄기에 있는 틈이나 구멍 속에 숨겼다가 먹이가 부족한 겨울에 먹거나 새끼한테 먹인다. 사람이 주는 먹이도 잘 받아먹는다.

몸길이는 14cm쯤 된다. 머리와 멱은 진한 감색이고 머리 꼭대기에는 가는 황백색 줄이 있다. 뺨과 가슴도 황백색이다. 목덜미와 배는 적갈색이고 날개와 꼬리는 청회색이다. 부리와 다리는 검은색을 띤다.

3~4월부터 여름까지 수컷은 자주 울면서 짝을 찾는다. 짝짓기를 하고 나면 숲 속 나무 구멍이나 바위틈에 이끼를 써서 밥그릇처럼 생긴 둥지를 만든다. 새집을 만들어 달아 두어도 잘 쓴다. 알은 5~8개 낳는데 흰색 바탕에 갈색 무늬가 있다. 열흘 남짓 알을 품어서 새끼가 나오면 어미는 애벌레나 거미를 잡아다 먹이며 키운다. 우리나라에서 한 해 내내 살면서 새끼를 치는 텃새다. 영리한 편이라 새장 안에 두고 먹이로 훈련시킨 다음 운세가 적힌 종이 여러 개 가운데 하나를 물어 오게 해서 점을 치기도 한다.

사는 곳 산, 숲, 들
먹이 딱정벌레, 애벌레, 씨앗, 나무 열매
분포 우리나라, 일본, 중국, 러시아
구분 텃새

쇠박새 *Parus palustris* / Marsh Tit

참새목 박새과

박새보다 몸집이 작아서 쇠박새라고 한다. 실제로 박새 무리 가운데 몸집이 가장 작은 새는 진박새다.

숲이나 마을 둘레에서 산다. 여름에는 숲 속에서 혼자 또는 암수끼리 지내기 때문에 눈에 잘 띄지 않는다. 하지만 새끼를 치고 난 겨울에는 박새, 곤줄박이 들과 무리 지어 시골 마을이나 도시 둘레로 내려온다. 딱정벌레, 매미 같은 벌레와 애벌레를 먹고 나무 열매도 먹는다. 가을에 먹이를 모아 나무옹이나 뿌리 틈에 숨겼다가 겨울이 오면 찾아 먹기도 한다.

몸길이는 12cm쯤 된다. 머리와 턱은 빛이 나는 검은색이고 등부터 꼬리까지는 회색이다. 날개와 꼬리 끝은 진한 회색을 띤다. 뺨, 가슴, 배는 갈색이 살짝 도는 흰색이다. 눈은 검은색이고 부리와 다리는 회색이다. 암수가 거의 비슷하게 생겼지만 몸집은 암컷이 조금 작다.

우리나라에 한 해 내내 살면서 4~5월에 짝짓기를 한다. 둥지는 나무 위에 이끼를 써서 밥그릇처럼 만들고 바닥에 동물 털을 깐다. 구멍은 천적이 못 들어오게 지름이 3cm쯤 되도록 작게 만든다. 나무 구멍이나 갈라진 나무 틈, 딱따구리가 쓰던 둥지를 그대로 쓰거나 사람이 달아 놓은 둥지를 쓰기도 한다. 알은 6개쯤 낳는데 황백색 바탕에 갈색 점무늬가 있다. 보름쯤 품으면 새끼가 태어난다. 우리나라에 흔한 텃새로 중국, 일본, 몽골, 유럽, 러시아에도 고루 퍼져 산다.

사는 곳 숲, 마을
먹이 벌레, 애벌레, 거미, 나무 열매, 풀씨
분포 우리나라, 중국, 일본, 몽골, 유럽
구분 텃새

제비
Hirundo rustica / Barn Swallow

참새목 제비과

　제비는 사람과 가장 가까운 새 가운데 하나다. 둥지도 사람 사는 곳 가까이에 틀기 때문에 옛이야기에도 자주 나온다.

　흔히 시골 마을 둘레에 사는데, 도시에서도 밝은 등을 켜 놓은 곳에 잘 나타난다. 자주 먹는 먹이인 나방이 많이 모여들기 때문이다. 다리가 짧아 땅에서 잘 걷지 못한다. 그래서 둥지 지을 때 쓰는 볏짚이나 진흙을 물어 올릴 때 말고는 거의 하늘을 날거나 전봇줄, 나뭇가지에 앉아 지낸다. 먹이를 구할 때는 입을 벌린 채 하늘을 날아다니면서 파리나 딱정벌레, 매미, 잠자리 같은 벌레들을 잡아먹는다. 낟알은 먹지 않는다.

　몸길이는 18cm쯤 된다. 몸 위쪽은 빛을 받으면 살짝 푸른빛이 도는 검은색이며, 이마와 목은 적갈색이다. 가슴과 배는 흰색을 띤다. 날개는 끝이 뾰족하고, 긴 꽁지는 가운데가 파인 포크 모양이다. 짝짓기 무렵 암수가 같이 있을 때 보면 꽁지가 더 긴 쪽이 수컷이다.

　한 해에 2번 짝짓기를 한다. 4~7월에 새끼를 치고 키워 내보내면 둥지를 고쳐서 8월에 다시 짝짓기를 한다. 둥지는 건물 틈새나 한옥 처마 밑, 다리 밑 빗물이 들이치지 않는 곳에 짓는다. 볏짚과 진흙에 침을 섞어 밥그릇처럼 만들고 바닥에는 새의 깃털을 물어다 깐다. 알은 흰색 바탕에 적갈색 무늬가 있는 것으로 4~6개 낳는다. 보름쯤 알을 품으면 새끼가 태어난다. 우리나라에서 새끼를 치고 동남아시아나 오스트레일리아에서 겨울을 난다.

사는 곳 마을
먹이 나방, 파리, 딱정벌레, 매미, 벌
분포 우리나라, 중국, 일본, 동남아시아
구분 여름 철새

귀제비 *Cecropis daurica* / Red-rumped Swallow

참새목 제비과

귀제비는 '맥, 매액' 하는 소리를 내서 맥맥이, 맥매구리라고도 불린다. 북녘에서는 붉은허리제비라고 한다.

흔히 시골 마을 둘레에 사는데, 여름에는 암수가 함께 다니다가 짝짓기가 끝나면 가족끼리 다닌다. 제비처럼 둥지 만들 재료를 찾을 때 말고는 땅 위로 내려오지 않고 전봇줄이나 나무에 앉아 있다. 날아다니면서 딱정벌레나 매미 같은 벌레를 잡아먹는 것도 비슷하다.

몸길이는 19cm쯤 된다. 머리와 등, 날개는 제비처럼 푸른빛이 도는 검은색이고 허리는 적갈색이다. 눈 둘레와 뺨도 적갈색을 띤다. 가슴과 배는 연한 적갈색 바탕에 검은색 세로줄 무늬가 있다. 꽁지는 제비처럼 가운데가 파인 포크 모양이지만 길이가 좀 더 길다.

5~7월에 우리나라에서 짝짓기를 한다. 마을 둘레나 다리 밑에 병을 뉘어 놓은 듯 구멍이 작고 옆으로 길게 생긴 둥지를 짓는다. 진흙과 짚을 짓이겨 만들고 둥지 안에는 마른풀과 깃털을 깐다. 해마다 같은 둥지를 쓰기도 하고 바로 옆에 새로 짓기도 한다. 흰색 알을 5개쯤 낳아 20일 동안 품으면 새끼가 태어난다. 우리나라를 비롯한 중국 남부와 일본에서 새끼를 치고 중국, 인도에서 겨울을 난다. 1980년대까지만 해도 도시 둘레에서 흔히 볼 수 있었지만 요즘에는 수가 크게 줄어 보기 힘들다.

사는 곳 마을
먹이 딱정벌레, 매미, 파리
분포 우리나라, 중국, 일본, 인도, 러시아
구분 여름 철새

오목눈이 *Aegithalos caudatus* / Long-tailed Tit

참새목 오목눈이과

　오목눈이는 눈이 오목하게 들어가 있는 것처럼 보이는 새다. 북녘에서는 오목눈 또는 긴꼬리오목눈이라고 부른다.

　마을 둘레의 낮은 산이나 숲에서 산다. 여름에는 암수가 함께 다니다가 새끼를 치고 난 겨울에는 다른 새들과 10~20마리씩 무리를 짓는다. 박새 무리와 같이 다닐 때가 많다. 주로 나뭇가지에 앉아 지내면서 여름에는 벌레를 먹고, 겨울이 오면 나무 열매와 씨앗을 먹는다.

　몸길이는 14cm쯤인데 몸통이 작고 꽁지만 8cm쯤 된다. 학명에도 꽁지가 긴 새라는 뜻이 들어 있다. 머리, 턱, 가슴, 배는 흰색이고 눈썹줄과 목덜미, 등, 날개, 꼬리는 검은색이다. 어깨와 옆구리는 살짝 붉은빛이 돈다.

　4~6월에 짝짓기를 하고 둥지는 향나무나 측백나무 같은 큰키나무나 개나리 같은 떨기나무 가지 사이에 튼다. 이끼와 작은 나뭇가지를 모아 거미줄로 엮은 다음, 구멍을 옆으로 내어서 병을 눕혀 놓은 것처럼 만든다. 구멍은 혼자 드나들 만큼 작게 내고 겉에는 나무껍질을 덮어서 천적 눈에 잘 띄지 않도록 한다. 바닥에 깃털을 깔고 흰색 알을 7~10개 낳아 보름쯤 품는다. 태어난 새끼는 다시 보름 동안 둥지에서 부모의 보살핌을 받고 자란다. 가끔 오목눈이 두 쌍이 한 둥지에서 새끼를 치는 때도 있다. 한 해 내내 우리나라에 살면서 짝짓기를 하고 새끼를 치는 새로, 흔히 볼 수 있다.

사는 곳 산, 숲, 마을
먹이 벌레, 벌레 알, 나무 열매, 씨앗
분포 우리나라, 중국, 일본, 유럽, 아프리카
구분 텃새

뿔종다리 *Galerida cristata* / Crested Lark

참새목 종다리과

뿔종다리는 이름처럼 머리 위에 뿔처럼 뾰족하게 솟은 깃이 있는 종다리다. 2~4마리씩 작은 무리를 지어 풀밭이나 낮은 언덕을 날아다닌다. 특히 자갈이 많고 메마른 땅에 많이 산다. 여름에는 갖가지 벌레를 잡아먹으면서 짝짓기를 준비하고, 겨울에는 논밭에서 풀씨나 낟알을 주워 먹는다.

몸길이는 17cm쯤 된다. 암수가 거의 비슷하게 생겼지만 짝짓기 무렵에는 수컷 머리 꼭대기에 있는 댕기 깃이 좀 더 길다. 몸 위쪽은 연한 황갈색을 띠고 아래쪽은 흰색 바탕에 가슴에 갈색 세로 줄무늬가 있다. 부리는 연한 황갈색으로 종다리 부리보다 길고 아래로 약간 휘었다. 다리와 발은 살구색인데 뒷발가락 발톱이 매우 길다.

3~4월에 짝짓기를 시작해 7월 중순까지 두 번쯤 한다. 짝짓기 때 둘레에 사람이 다가가면 수컷이 경계하면서 날카로운 소리를 낸다. 둥지는 해마다 같은 곳에 짓는다. 자갈과 풀이 있는 오목한 땅에 마른풀을 쌓아 접시처럼 만들고 알을 5개 낳는다. 흰색이나 황백색 바탕에 검은색 무늬가 있다. 열흘 남짓 품으면 새끼가 태어나고 다시 열흘쯤 먹이를 잡아 먹이면서 키우면 새끼는 둥지를 떠난다. 암컷이 알을 품고 새끼를 키우는 동안 수컷은 둥지 둘레에서 천적이 다가오지 않도록 지킨다. 우리나라와 중국 북부에서 한 해 내내 사는 텃새인데 수가 많이 줄어 멸종 위기 2급이다.

사는 곳 풀밭, 언덕, 논밭, 마을
먹이 벌레, 애벌레, 거미, 낟알, 풀씨
분포 우리나라, 중국, 인도, 유럽, 아프리카
구분 텃새

종다리 *Alauda arvensis* / Eurasian Skylark

참새목 종다리과

빠르게 날갯짓을 하며 종알종알 지저귄다고 종다리라는 이름이 붙었다. 종달새나 노고지리라고도 한다. 봄을 알리는 시나 노래에 자주 나오는 새다.

흔히 풀밭이나 보리밭에 산다. 봄부터 여름까지는 암수가 함께 살지만 짝짓기가 끝난 겨울에는 수십 마리씩 무리 짓는다. 뿔종다리와는 달리 나무에는 앉지 않고 땅 위를 걸어 다닌다. 배를 땅에 붙이고 쉬거나 모래 목욕을 하기도 하며 잠도 땅 위에서 잔다. 풀밭과 보리밭 위를 날거나 걸어 다니면서 먹이를 구하고 딱정벌레, 벌, 메뚜기 같은 벌레를 먹는다.

몸길이는 18cm쯤 된다. 연한 황갈색 바탕에 머리 꼭대기, 가슴, 날개에는 흑갈색 줄무늬가 있다. 머리 꼭대기에는 짧은 깃털이 있다. 배는 흰색이고 다리는 살구색을 띤다. 뒷발가락 발톱은 뿔종다리처럼 길다.

흔히 4월부터 짝짓기를 시작한다. 수컷은 암컷한테 잘 보이려고 한자리에 뜬 채로 날갯짓을 빠르게 하면서 아름다운 소리를 낸다. 짝짓기를 하고 나면 강가 풀밭이나 보리밭, 밀밭에서 흙을 오목하게 판 다음 마른풀과 풀뿌리를 쌓아 둥지를 만든다. 둥지는 땅보다 낮게 지어서 쉽게 눈에 띄지 않는다. 회색 바탕에 연한 갈색 무늬가 있는 알을 3~6개 낳는다. 어미는 비가 많이 와 낮은 둥지에 물이 차도 끝까지 알을 품을 만큼 새끼에 대한 사랑이 강하다. 우리나라에 한 해 내내 사는 텃새로 중국, 일본, 유럽에서도 산다.

사는 곳 풀밭, 보리밭, 밀밭, 모래밭
먹이 벌레, 애벌레, 거미, 풀씨
분포 우리나라, 중국, 일본, 유럽, 아프리카
구분 텃새

직박구리 *Microscelis amaurotis* / Brown-eared Bulbul

참새목 직박구리과

　직박구리는 '찌빠, 찌빠' 하는 소리를 낸다고 붙은 이름이다. 학명은 높이 날고 귀 부분이 어둡다는 뜻이다. 북녘에서는 찍박구리라고 부른다.

　시골 마을 둘레나 숲에서 많이 살고 도시 공원에서도 산다. 나무 위에서 지내기 때문에 땅 위로 내려오는 일은 거의 없다. 나무 사이를 날아다니면서 요란하게 울 때가 많은데, 한 마리가 울면 그 소리를 듣고 다른 직박구리들이 모여들어 같이 운다. 여름에는 나방 같은 날벌레를 입으로 낚아채듯이 잡아먹고, 겨울에는 나무 열매나 동백나무 꽃의 꿀을 먹는다.

　몸길이는 27cm쯤 되고 암수가 비슷하게 생겼다. 머리 꼭대기, 등, 가슴이 청회색이고 날개는 회갈색이다. 눈 뒤쪽과 아랫배는 갈색을 띤다. 눈은 갈색, 부리는 검은색, 다리는 적갈색이며 꽁지가 길게 뻗어 있다.

　5~6월에 우리나라에서 짝짓기를 한다. 잎이 우거진 나뭇가지에 나무껍질, 나뭇잎, 풀잎을 쌓아 밥그릇처럼 생긴 둥지를 짓는다. 알은 5개를 낳는데 황백색 바탕에 분홍색 무늬가 있다. 새끼를 키우는 동안에는 울음소리도 내지 않고 둘레에 천적 울음소리만 들려도 날아가 사납게 공격을 한다. 하지만 새끼를 키워 내보내고 나면 다시 시끄럽게 운다. 우리나라에서 한 해 내내 사는 흔한 텃새다. 특히 겨울이면 남해안과 제주도 동백나무 숲에서 많이 볼 수 있는데, 과일을 즐겨 먹다 보니 과실나무 기르는 곳에서는 피해가 많다.

사는 곳 마을, 숲
먹이 벌레, 나무 열매, 꿀
분포 우리나라, 일본, 동남아시아
구분 텃새

휘파람새 *Cettia diphone* / Japanese Bush Warbler

참새목 휘파람새과

휘파람새는 이름처럼 휘파람과 비슷한 소리를 낸다. 낮은 소리를 낼 때는 피죽도 못 먹은 것 같다고 피죽새라고도 하고, 남쪽 지방에서는 '고비용, 고비용' 하고 우는 것 같다고 고비용새라고 부르기도 한다.

논밭이나 떨기나무가 많은 숲 속에서 산다. 겨울에도 무리를 짓지 않고 혼자 또는 암수가 함께 산다. 땅으로는 잘 내려오지 않고 떨기나무나 키가 큰 풀 사이에 몸을 숨기고 지낸다. 딱정벌레나 나비, 벌, 매미 같은 벌레와 애벌레를 주로 먹고 겨울에는 씨앗을 먹는다.

몸길이는 수컷이 16cm, 암컷이 13cm쯤 되고 암수가 거의 비슷하게 생겼다. 머리 꼭대기와 등, 날개, 꼬리는 회갈색이고 턱과 가슴, 배는 회백색이다. 눈 위에는 회백색 눈썹줄이 있다. 부리는 황갈색이고 다리는 살구색을 띤다. 입을 벌리고 울 때는 주황색 입 속이 보인다.

5~8월이 되면 수컷이 논밭 둘레에 있는 덩굴 식물 꼭대기에 앉아 울면서 암컷을 부른다. 짝짓기를 하고 나면 떨기나무 숲이나 대나무 숲 속으로 날아가 둥지를 튼다. 나뭇가지나 줄기 사이에 풀잎으로 밥그릇처럼 만들고 적갈색이나 녹색 알을 4~6개 낳는다. 새끼를 치고 나면 중국이나 일본, 동남아시아로 날아가 겨울을 나고 이듬해 4월에 다시 찾아온다. 경기도와 내륙 지방에는 높은 소리와 낮은 소리를 두루 내는 휘파람새가 많지만, 남쪽 지방과 제주도에는 단순히 높은 소리만 내는 섬휘파람새가 많이 산다.

사는 곳 논밭, 숲, 산기슭
먹이 벌레, 애벌레, 거미, 씨앗
분포 우리나라, 중국, 러시아
구분 여름 철새

개개비 *Acrocephalus orientalis* / Oriental Reed Warbler

참새목 휘파람새과

 짝짓기 무렵이면 수컷이 '개개비비, 개개비비' 하고 시끄러운 소리를 내서 개개비라는 이름이 붙었다. 학명에는 갈대밭에 사는 머리가 뾰족한 새라는 뜻이 담겨 있다. 북녘에서는 갈대밭에 사는 새라고 갈새라 부른다.

 갈대밭이나 강가 덤불 속에서 산다. 봄에 우리나라에 오자마자 물가 갈대밭에서 시끄럽게 울면서 자기 세력권을 알리지만, 새끼를 치고 나면 거의 울지 않기 때문에 알아보기가 어렵다. 숲이나 논밭을 돌아다니면서 먹이를 구한다. 딱정벌레, 나비 같은 벌레나 거미, 개구리를 먹는다.

 몸길이는 18cm쯤 되고 암수가 비슷하게 생겼다. 머리 꼭대기부터 몸 위쪽은 가을철 갈대와 비슷한 황갈색인데 날개 끝과 꼬리는 더 진하다. 가슴과 배는 황백색을 띠는데, 가슴에 갈색 세로 줄무늬가 있는 새도 있다. 부리에서 눈 위쪽으로는 흰색 눈썹줄이 뻗어 있다. 다리는 적회색이다.

 해마다 5월이 되면 갈대밭 여기저기서 수컷이 갈대 줄기를 잡고 시끄럽게 운다. 짝짓기를 하고 나면 물 위로 길게 자란 갈대나 줄풀과 같은 수중 식물의 줄기 사이에 풀줄기를 엮어 밥그릇처럼 생긴 둥지를 만든다. 흔히 물에서 1m쯤 위에 높이 짓는다. 무성한 갈대밭 줄기 사이에 둥지를 지으면 둥지가 잘 안 보여서 천적의 눈을 피할 수 있다. 알은 4~6개 낳는데 청백색 바탕에 갈색이나 녹색 무늬가 있다. 새끼를 치고 난 개개비는 동남아시아에 가서 겨울을 나고 이듬해 5월에 다시 찾아온다.

사는 곳 갈대밭, 강가
먹이 딱정벌레, 나비, 메뚜기, 거미, 개구리
분포 우리나라, 중국, 일본, 몽골, 필리핀
구분 여름 철새

산솔새 *Phylloscopus coronatus* / Eastern Crowned Warbler

참새목 휘파람새과

산에 사는 솔새 무리 가운데 가장 흔한 새다. 학명에는 나뭇잎에서 벌레를 찾아 먹는 새라는 뜻이 담겨 있다. 실제로도 땅 위로 내려오는 일은 거의 없고, 나무 위에서 나뭇잎을 뒤지거나 나무 사이를 날아다니면서 먹이를 찾는다. 흔히 딱정벌레, 벌, 파리 같은 벌레와 애벌레를 잡아먹는다.

높은 산에 사는 새로 해발 600m쯤 되는 산 중턱의 숲에 많이 산다. 혼자 또는 암수가 함께 사는데, 짝짓기를 하고 나서도 여럿이 무리를 짓지 않는 것이 특징이다. 날갯짓이 아주 재빠르지만 한 번에 오랫동안 날지는 못한다.

몸길이는 13cm쯤 되고 암수가 비슷하게 생겼다. 머리 꼭대기와 등, 날개, 꼬리는 황록색이고 턱부터 가슴과 배는 흰색이다. 부리에서 눈 위로 흰색 눈썹줄이 굵고 뚜렷하게 뻗어 있다. 위쪽 부리는 흑갈색이지만 아래쪽 부리는 노란색을 띤다. 다리는 황갈색이다.

짝짓기 무렵인 4~6월이 되면 하루 종일 높은 소리로 울면서 짝을 찾는다. 둥지는 숲 속 땅바닥이나 벼랑의 움푹 파인 곳에 튼다. 이끼와 풀줄기, 나무껍질, 나뭇잎을 쌓아 만들고 바닥에는 깃털을 깐다. 알은 5개쯤 낳는데 흰색을 띤다. 품은 지 13일이면 새끼가 나오고, 태어난 새끼를 14일쯤 키우면 둥지를 떠난다. 우리나라와 중국 북부, 일본에서 새끼를 치고 겨울이 오면 동남아시아로 간다.

사는 곳 숲
먹이 딱정벌레, 벌, 파리, 애벌레, 거미
분포 우리나라, 중국, 일본, 동남아시아
구분 여름 철새

붉은머리오목눈이

Paradoxornis webbianus / Vinous-throated Parrotbill

참새목 붉은머리오목눈이과

붉은머리오목눈이는 오목눈이 무리 가운데 머리 색이 붉은빛을 띠는 새다. 뱁새라고도 한다. '뱁새가 황새 따라가다 가랑이 찢어진다.'는 속담에 나오는 뱁새가 바로 붉은머리오목눈이다. 북녘에서는 부비새라고 부른다.

논밭 둘레나 산기슭에서 무리 지어 살고 요란하게 지저귀면서 다닌다. 움직임이 재빠르고 움직일 때 꽁지를 좌우로 흔드는 버릇이 있다. 여름에는 주로 매미나 메뚜기 같은 벌레를 잡아먹고 겨울에는 풀씨를 먹는다.

몸길이는 13cm쯤 되고 암수가 비슷하게 생겼다. 머리, 등, 날개는 적갈색이고 배는 황갈색이다. 부리는 짧고 굵으며 꽁지는 거의 몸통만큼이나 길다. 부리와 다리는 흑갈색을 띤다.

5~6월에 우리나라에서 짝짓기를 한다. 둥지는 떨기나무 가지나 키가 1m쯤 되는 덤불 속에 튼다. 마른풀, 풀뿌리, 거미줄을 엮어 항아리처럼 만들고 바닥에는 물어 온 천 조각과 풀을 깐다. 흔히 푸른색 알을 3~6개 낳는데, 때때로 흰색 알을 낳는 새도 있다. 열흘 남짓 알을 품으면 새끼가 태어난다. 가끔 뻐꾸기가 둥지에 찾아와 알을 낳아 놓고 가면 그 알까지 같이 기른다. 전국에 퍼져 한 해 내내 사는 텃새다. 하지만 몸집이 작고 날개도 짧아 오래 날지 못하기 때문에 뭍에서 떨어진 섬에서는 못 살고 내륙에서만 볼 수 있다.

사는 곳 논밭, 산기슭, 풀밭, 숲
먹이 벌레, 애벌레, 거미, 씨앗
분포 우리나라, 중국, 동남아시아, 러시아
구분 텃새

동박새 *Zosterops japonicus* / Japanese White-eye

참새목 동박새과

동백나무 꽃이 필 때면 동백나무 꽃의 꿀을 빨아 먹고 살아서 동박새라는 이름이 붙었다. 북녘에서는 남동박새라고도 한다.

흔히 동백나무가 많은 숲에서 산다. 동백꽃의 꿀을 좋아하는 데다 몸이 황록색을 띠어서 사철 푸른 동백나무 숲에 있으면 천적들 눈을 피하기도 좋기 때문이다. 같은 동박새를 비롯해 참새, 박새, 뱁새, 숲새, 촉새처럼 몸집이 작은 새들끼리 함께 다니고 천적이 다가오면 한꺼번에 시끄러운 소리를 내면서 경계한다. 혀는 끝이 두 가닥으로 길게 갈라져 있어 과일즙이나 꿀을 빨기에 알맞다. 동백꽃 꿀과 꽃가루를 즐겨 먹고 머루, 다래, 버찌, 산딸기처럼 단맛이 나는 열매도 잘 먹는다. 여러 가지 벌레와 거미를 잡아먹기도 한다.

몸길이는 12cm쯤 되고 암수가 비슷하게 생겼다. 머리와 등은 황록색이고 날개와 꼬리는 녹갈색이다. 가슴과 배는 연한 갈색을 띤다. 검고 동그란 눈 둘레에는 흰색 눈 테가 뚜렷하게 있다. 부리는 검은색인데 가늘면서 뾰족하다.

5~6월에 짝짓기를 한다. 나뭇가지 위에 밥그릇처럼 생긴 둥지를 만드는데, 특히 먹이를 구하기 쉬운 동백나무에 많이 짓는다. 이끼, 깃털, 나무껍질을 거미줄로 엮어서 둥지를 만들고 바닥에는 동물 털과 풀뿌리를 깐다. 알은 4개를 낳는데 흰색이나 청백색이다. 12일쯤 품으면 새끼가 나오고 다시 12일쯤 어미가 보살피면 새끼는 다 자라서 둥지를 떠난다. 우리나라 서해안, 남해안, 제주도, 울릉도에서 짝짓기 하면서 한 해 내내 산다.

사는 곳 숲
먹이 꿀, 꽃가루, 벌레, 거미, 나무 열매
분포 우리나라, 일본, 중국, 동남아시아
구분 텃새

상모솔새 *Regulus regulus* / Goldcrest

참새목 상모솔새과

　상모솔새는 머리에 있는 노란색 깃털이 풍물놀이 할 때 머리에 쓰고 돌리는 모자인 상모를 쓴 것 같다고 해서 붙은 이름이다. 북녘에서는 금색 줄 달린 상모를 쓴 것 같다고 상모박새라고 한다.

　향나무나 소나무가 많은 숲에서 산다. 봄가을에 이동할 때는 정원이나 공원에서도 보이고 겨울에는 먹이를 찾아 마을 둘레로 내려오기도 한다. 흔히 혼자 다니지만 박새나 오목눈이와 섞여 지낼 때도 있다. 여름에는 여러 가지 벌레와 벌레 알을 먹고 겨울에는 풀씨와 솔씨를 먹는다.

　몸길이는 10cm쯤 된다. 머리는 회색, 등은 황록색이고 가슴과 배는 황백색이다. 검은색 날개에는 흰색 띠가 있다. 머리 꼭대기에는 노란 깃털이 있고 양쪽으로는 검은 깃털이 나 있다. 수컷은 노란 깃털 가운데에 붉은 깃털이 있어서 그것으로 암수를 구별한다.

　4~7월에 러시아에서 짝짓기를 하고 바늘잎나무가 많은 숲의 나뭇가지에 둥지를 튼다. 암수가 함께 풀줄기와 이끼로 밥그릇처럼 생긴 둥지를 만든 다음 나뭇가지 끝에 거미줄로 엮어 매단다. 바닥에는 동물 털을 깔고 둥지 위쪽은 나뭇가지와 잎으로 덮어서 안이 보이지 않도록 한다. 알은 5~8개 낳는데 황회색 바탕에 갈색 무늬가 있다. 20일쯤 품으면 새끼가 나오고, 다시 20일 동안 키우면 자란 새끼가 둥지를 떠난다. 우리나라와 중국 남동부, 일본 들을 찾아 겨울을 난다. 수는 많지 않지만 해마다 찾아오는 새다.

사는 곳 숲
먹이 벌레, 벌레 알, 거미, 씨앗
분포 우리나라, 중국, 일본, 타이완
구분 겨울 철새

굴뚝새 *Troglodytes troglodytes* / Winter Wren

참새목 굴뚝새과

굴뚝새는 겨울이면 사람 사는 집의 굴뚝 속을 들락날락해서 이런 이름이 붙었다. 사람들은 굴뚝새가 그 속에서 둥지를 틀고 사는가 보다고 생각하지만, 사실은 따뜻한 굴뚝 속에서 겨울을 나는 벌레를 잡아먹으려는 것이다. 북녘에서는 쥐새라고 부른다.

마을 돌담 둘레나 개울가, 계곡 둘레에서 산다. 짧은 꽁지를 위로 바짝 치켜세우는 버릇이 있으며, 소리를 낼 때는 몸을 뒤로 한껏 젖힌다. 나뭇가지를 옮겨 다니면서 벌레나 애벌레를 잡아먹는다. 때로는 물속에 들어가 돌을 뒤집어 가며 물벌레를 찾아 먹기도 한다.

몸길이는 10cm쯤으로 참새보다도 몸집이 작다. 몸이 둥그스름하고 적갈색을 띠는데 가슴과 배는 색이 조금 연하다. 온몸에 검은색 가로 줄무늬가 퍼져 있다. 날개는 짧고 둥글며 부리와 다리는 황갈색이다.

5~6월에 우리나라에서 짝짓기를 한다. 수컷은 산속에서 맑고 아름다운 소리로 울면서 암컷을 부른다. 둥지는 나무뿌리에 난 구멍이나 바위틈에 이끼와 풀뿌리를 쌓아 만든다. 천적이 쉽게 찾아오지 못하도록 가짜 둥지를 여러 개 만들기도 한다. 바닥에 부드러운 깃털을 깔고 나면 암컷이 흰색 알을 4~6개 낳는다. 한 해 내내 우리나라에 사는 텃새다. 여름에는 높은 산속 개울가에서 시원하게 지내다가 겨울이 되면 산기슭이나 마을로 내려온다. 산속의 절 둘레에서도 소리를 내면서 날아다니는 모습을 종종 볼 수 있다.

사는 곳 마을 돌담, 개울가, 계곡
먹이 벌레, 애벌레, 벌레 알
분포 우리나라, 아시아, 유럽
구분 텃새

동고비 *Sitta europaea* / Eurasian Nuthatch

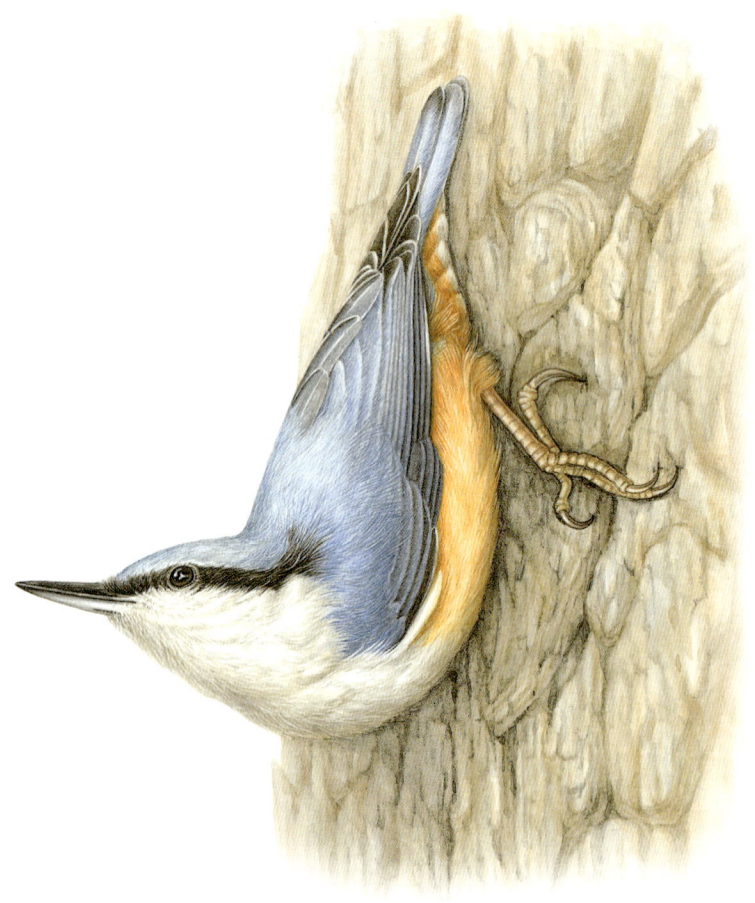

참새목 동고비과

동고비는 깊은 산속이나 공원에 산다. 특히 썩은 나무에서 많이 산다. 여름에는 혼자 또는 암수가 함께 살다가 새끼를 치고 나면 박새나 딱따구리 무리와 섞여 다닌다. 주로 나무 위에서 지내고 땅 위로는 내려오지 않는다. 발가락 힘이 세서 나무줄기를 잡고 머리를 땅 쪽으로 둔 채 내려오기도 하고, 아예 나뭇가지 아래쪽에 거꾸로 매달리기도 한다. 여름에는 나무 속 애벌레나 벌레, 거미를 잡아먹는다. 겨울에는 솔씨나 나무 열매를 찾아 먹는다. 먹이가 많을 때는 나뭇가지 틈에 숨겨 두었다가 나중에 먹기도 한다.

몸길이가 13cm쯤 된다. 수컷은 머리와 등이 회청색이다. 뺨과 목은 흰색이고 검은색 눈 줄이 목덜미까지 뻗어 있다. 배와 옆구리는 황갈색이며 부리는 흑갈색, 다리는 연한 갈색을 띤다. 발가락이 길고 꽁지는 짧은 편이다. 암컷은 수컷과 거의 비슷한데, 회청색이 더 진하고 황갈색은 연하다.

3~7월에 우리나라에서 짝짓기를 한다. 짝짓기가 끝나면 깊은 산속 딱따구리가 파 놓은 구멍에 둥지를 튼다. 몸집에 비해 구멍이 너무 크면 진흙을 덧붙여 알맞은 크기로 줄인다. 바닥에는 나뭇잎과 풀뿌리를 깔아 푹신하게 만든 다음, 흰색 바탕에 갈색 무늬가 있는 알을 7개쯤 낳는다. 보름쯤 품으면 새끼가 태어나고 먹이를 물어다 먹이며 25일쯤 키우면 새끼는 둥지를 떠난다. 요즘은 수가 많이 줄어서 보기 힘들어졌다.

사는 곳 산, 공원
먹이 벌레, 거미, 솔씨, 나무 열매, 낟알
분포 우리나라, 중국, 일본, 러시아, 유럽
구분 텃새

찌르레기 *Sturnus cineraceus* / White-cheeked Starling

참새목 찌르레기과

'찌르, 찌르, 찌르릇' 하고 소리 낸다고 찌르레기라고 한다. 찌르레기 무리 가운데 가장 흔하다. 학명은 몸 색이 회색이라는 뜻이고, 영어 이름은 뺨이 흰 찌르레기라는 뜻이다. 북녘에서는 찌르러기라고 부른다.

논밭이나 산기슭에 산다. 여름에는 암수끼리 살고 겨울에는 무리 지어 산다. 큰 나무 위나 대나무 숲에서 잠을 자고 먹이를 찾으러 떠날 때는 시끄럽게 운다. 나무를 옮겨 다니거나 땅 위를 재빠르게 걸어 다니면서 먹이를 찾는다. 작은 동물과 식물을 가리지 않고 먹지만 특히 버찌를 좋아한다. 여름에는 해로운 벌레를 많이 잡아먹어서 농사에 도움을 준다.

몸길이는 24cm쯤 된다. 몸이 전체적으로 회색을 띠는데 머리, 멱, 가슴은 흑회색이고 눈 둘레와 뺨은 흰색이다. 등과 날개는 진한 회색이고 배는 회백색이다. 부리와 다리는 밝고 진한 주황색을 띤다. 부리 끝은 검은색이다.

이른 봄에 우리나라를 찾아와 4~5월에 짝짓기를 한다. 둥지는 오래된 나무 구멍이나 바위틈에 마른풀과 나무껍질을 써서 밥그릇처럼 만든다. 푸른색 바탕에 무늬가 있는 알을 4~9개 낳는다. 나무 구멍이 클 때는 여러 쌍이 함께 새끼를 치기도 한다. 10~11월이면 새끼를 치고 중국 남부와 동남아시아로 이동하는 찌르레기 무리가 전봇줄에 나란히 앉아 쉬는 모습을 볼 수 있다. 우리나라에 남아 겨울을 나는 무리도 있다.

사는 곳 논밭, 산기슭, 공원, 언덕, 마을
먹이 벌레, 달팽이, 뱀, 쥐, 낟알, 나무 열매
분포 우리나라, 중국, 동남아시아, 몽골, 러시아
구분 여름 철새

호랑지빠귀 *Zoothera aurea* / White's Thrush

참새목 지빠귀과

호랑지빠귀는 몸이 호랑이처럼 황갈색 바탕이고 검은색 무늬가 얼룩덜룩하게 있다. 짝짓기 무렵이면 깊은 산속에서 낮이나 밤이나 '휘-이, 휘-이, 휘-이' 하고 스산한 소리를 내서 귀신새나 혼새라고 부르기도 한다. 북녘에서는 호랑티티라고 부른다.

깊은 숲 속이나 마을 둘레 나무가 많은 곳에 산다. 땅바닥을 걸어 다니면서 부리로 바닥에 쌓인 나뭇잎을 뒤져 가며 먹이를 찾는다. 주로 딱정벌레나 나비, 매미, 벌 같은 벌레를 잡아먹고 달팽이나 지렁이도 먹는다. 겨울에는 낟알과 나무 열매를 먹고 산다. 땅 위에서는 조용히 먹이를 찾다가 날아오를 때는 '끼끼끼' 하고 낮은 소리를 낸다.

몸길이는 30cm쯤 되고 암수가 비슷하게 생겼다. 머리 꼭대기, 등, 날개는 황갈색이고 배는 황백색을 띤다. 검은색 비늘무늬가 온몸을 덮고 있으며 부리는 흑갈색, 다리는 살구색이다.

5~7월에 우리나라와 일본, 러시아 남쪽에서 짝짓기를 하고 숲 속 나뭇가지에 둥지를 튼다. 작은 나뭇가지와 이끼, 나뭇잎을 쌓아 밥그릇처럼 만든 둥지에 청백색 알을 3~5개 낳는다. 새끼가 태어나면 지렁이를 잡아다 먹이면서 보름쯤 키운다. 예전에는 우리나라에서 새끼를 치고 나면 중국 남부 지방과 동남아시아로 가서 겨울을 보내는 여름 철새였다. 하지만 요즘에는 겨울 날씨가 조금씩 따뜻해지면서 한 해 내내 볼 수 있게 되었다.

사는 곳 숲, 마을
먹이 벌레, 달팽이, 지렁이, 나무 열매
분포 우리나라, 중국, 일본, 러시아
구분 텃새

흰배지빠귀 *Turdus pallidus* / Pale Thrush

참새목 지빠귀과

흰배지빠귀는 지빠귀 무리 가운데 배가 흰 편이다. 가장 흔하기도 해서 전국 어디서나 볼 수 있다. 북녘에서는 흰배티티라고 부른다.

울창한 숲 속에서 산다. 짝짓기 하는 여름에는 암수가 함께 살고 겨울에는 혼자 지낼 때가 많다. 이동할 때는 여럿이 무리 지어 다닌다. 날 때는 날개를 빠르게 퍼덕이면서 직선으로 난다. 나뭇가지를 옮겨 다니면서 나무 열매와 날벌레를 먹기도 하고, 땅 위로 내려가 사람처럼 양쪽 다리로 뛰어다니면서 지렁이나 지네를 잡아먹기도 한다.

몸길이는 23cm쯤 된다. 수컷은 머리와 목이 진한 회색이고 등과 날개는 녹갈색이다. 배는 흰색 바탕에 연한 회색 무늬가 있다. 위쪽 부리는 검은색이고 아래쪽 부리는 노란색을 띤다. 눈 둘레에는 노란색 테가 있다. 암컷은 머리, 등, 꼬리가 연한 갈색이고 목과 배는 흰색이다. 옆구리에는 갈색 무늬가 있다. 부리는 갈색이고, 다리는 노란색이다.

5~6월에 수컷이 나무에 앉아 울면서 짝을 찾는다. 짝짓기가 끝나면 넓은잎나무 가지를 찾아 둥지를 튼다. 마른풀과 이끼를 쌓아 밥그릇처럼 만들고 바닥에는 솔잎을 깐다. 알은 5개 낳는데 누르스름한 흰색 바탕에 적갈색 무늬가 있다. 거의가 여름에 우리나라에서 새끼를 치고 동남아시아로 가서 겨울을 나는 여름 철새지만, 남해안과 제주도에서 겨울을 나는 새도 있다.

사는 곳 숲
먹이 나무 열매, 벌레, 지렁이, 씨앗
분포 우리나라, 중국, 일본, 몽골, 동남아시아
구분 여름 철새

노랑지빠귀 *Turdus naumanni* / Naumann's Thrush

참새목 지빠귀과

　지빠귀 가운데 몸에 노란색이 많은 새라고 노랑지빠귀라고 한다. 겨울이면 온몸에 노란빛이 짙어진다. 북녘에서는 티티새라고 한다.

　여러 가지 나무가 우거진 숲과 풀밭에서 10~20마리씩 무리 지어 산다. 흔히 찔레나무, 산수유, 사과, 붉나무, 팥배나무 열매를 먹지만 짝짓기를 하는 여름에는 벌레와 지렁이를 잡아먹어 몸에 양분을 저장한다.

　몸길이는 24cm쯤 되고 암수가 조금씩 다르게 생겼다. 여름에는 수컷 몸 위쪽이 회갈색이고 눈썹줄은 적회색이다. 가슴은 흰색 바탕에 황갈색 점무늬가 있고 꼬리도 진한 노란색이나 적갈색을 띤다. 겨울이 되면 수컷 몸이 노란빛을 띠는 연한 회갈색으로 바뀐다. 깃 가장자리는 흰색이 되고 눈썹줄은 진한 회색이 된다. 암컷은 등과 어깨가 진한 갈색이고 가슴은 흑갈색이다. 눈썹줄은 황갈색, 멱은 황백색이다. 멱과 가슴에는 얼룩무늬가 있다.

　여름에 시베리아에서 짝짓기를 한다. 떨기나무 가지나 땅 위에 마른풀을 쌓아 밥그릇처럼 생긴 둥지를 만들고 바닥에는 가는 풀 줄기를 깐다. 알은 5개쯤 낳는데 진한 녹색 바탕에 적갈색 무늬가 있다. 해마다 10~11월이면 우리나라를 비롯한 중국, 일본, 동남아시아를 찾아 겨울을 나는 새다. 시골에 있는 미루나무나 버즘나무 꼭대기에서 다른 노랑지빠귀들을 불러 모아 무리를 지으려고 요란하게 우는 모습을 볼 수 있다.

사는 곳 숲, 풀밭
먹이 벌레, 지렁이, 씨앗, 나무 열매
분포 우리나라, 일본, 중국, 시베리아
구분 겨울 철새

개똥지빠귀 *Turdus eunomus* / Dusky Thrush

개똥처럼 몸에 갈색과 검은색이 뒤섞여 있다고 개똥지빠귀라고 한다. '티티-' 하고 운다고 티티새라고도 한다. 북녘에서는 개티티라고 한다.

시골 마을 논밭이나 과수원 둘레에서 10마리 안팎으로 무리 지어 산다. 봄 가을에 이동할 때는 수십 마리씩 큰 무리를 짓는다. 먹이를 구할 때는 나뭇가지 사이를 날아다니거나 땅 위를 걸어 다닌다. 땅 위에서는 양쪽 다리를 번갈아 움직이면서 걷는데, 네다섯 걸음 걷다가 멈추고 다시 걷기를 되풀이한다. 앵두나 배 같은 과일을 즐겨 먹는다. 벌레로는 딱정벌레나 파리, 나비, 벌을 먹고 땅에 사는 지렁이를 잡아먹기도 한다.

몸길이는 24cm쯤 된다. 머리 꼭대기, 등, 꼬리는 흑갈색이고 날개는 적갈색이다. 눈썹줄과 목은 황백색을 띠고 가슴과 배는 황백색 바탕에 검은색 점 무늬가 많다. 부리는 밝은 노란색인데 끝이 갈색이며 다리는 황갈색이나 적갈색을 띤다. 암컷은 수컷보다 머리 꼭대기와 등 색이 더 진하다.

5~6월에 러시아 숲 속 나뭇가지 위에 둥지를 튼다. 떨기나무 가지나 땅 위에 마른풀을 쌓아서 밥그릇처럼 만들고 바닥에도 마른풀을 깐다. 알은 5개쯤 낳는데 청백색 바탕에 적갈색 무늬가 있다. 새끼를 낳아 다 기르고 나면 가을에 우리나라와 중국 동부 지방, 일본으로 내려와 겨울을 난다. 지빠귀 무리 가운데 노랑지빠귀 다음으로 많이 찾아오는 새다.

사는 곳 논밭, 과수원, 숲, 풀밭
먹이 나무 열매, 벌레, 지렁이, 씨앗
분포 우리나라, 중국, 일본, 타이완, 러시아
구분 겨울 철새

울새 *Luscinia sibilans* / Rufous-tailed Robin

참새목 솔딱새과

집에 둘러놓은 울타리 틈새를 자주 들락거려서 울새라고 부른다. 북녘에서는 울타리새라고 한다. 학명에는 피리를 불듯이 운다는 뜻이 담겨 있다.

숲 속이나 시골 마을에 산다. 이른 아침에는 숲이나 마을 둘레를 날아다니다가 낮이 되면 나무가 우거진 숲 속으로 들어간다. 땅 위에 쓰러져 있는 나무 위나 덤불 사이를 걷거나 뛰어다니면서 먹이를 찾는다. 땅에 사는 지렁이를 잡아먹고 딱정벌레나 나비 같은 벌레와 애벌레도 먹는다. 날 때는 높게 날고 땅 위에서는 재빠르게 움직인다.

몸길이는 14cm쯤 된다. 머리 꼭대기, 등, 날개는 연한 갈색이고 꼬리는 적갈색이다. 턱부터 배까지는 흰색 바탕에 연한 갈색 비늘무늬가 있다. 부리는 흑갈색이고 다리는 연한 분홍색이나 적갈색을 띤다. 암컷은 수컷과 비슷하지만 몸 색이 옅고 몸집이 조금 작다. 가슴에 있는 비늘무늬도 흐린 편이다.

6~7월에 중국 북쪽 지방과 러시아에서 짝짓기를 한다. 수컷이 나뭇가지에 앉아 꼬리를 까딱까딱하면서 큰 소리를 내면 짝짓기를 할 암컷이 찾아온다. 둥지는 나무 구멍 속에 마른 나뭇잎과 나뭇가지, 이끼를 쌓아 만들고 알을 4개쯤 낳는다. 새끼를 치고 나면 겨울을 나러 중국 남쪽 지방과 동남아시아로 날아간다. 우리나라에서는 흔히 5월과 10월에 울새들이 쉬어 간다. 특히 5월에는 도시에 있는 공원에서도 울새 울음소리를 들을 수 있다.

사는 곳 숲, 마을
먹이 딱정벌레, 나비, 벌, 잠자리, 애벌레
분포 우리나라, 중국, 일본, 러시아, 동남아시아
구분 나그네새

유리딱새 *Tarsiger cyanurus* / Orange-flanked Bush Robin

참새목 솔딱새과

유리처럼 맑고 푸른빛을 띠는 딱새다. 학명에는 꽁지가 푸른빛을 띤다는 내용이 담겨 있다. 북녘에서는 류리딱새라고 부른다.

바늘잎나무가 많은 숲 속이나 공원에서 산다. 땅 위를 뛰어다니거나 나뭇가지에 앉아서 먹이를 찾는다. 여름에는 나비, 벌, 파리 같은 벌레를 먹고 벌레가 드문 겨울에는 나무 열매나 풀씨를 먹는다. 다른 딱새들보다 경계심이 적어 사람이 가까이 가도 도망가지 않는다. 꽁지를 위아래로 흔들면서 '따륵, 따륵' 하는 소리를 내기도 한다.

몸길이는 14cm쯤 된다. 수컷은 머리 꼭대기에서 꽁지까지는 파란색이고 목부터 배까지는 흰색이다. 옆구리는 밝은 주황색을 띤다. 부리와 다리는 검은색이며 눈 위에는 흰색 눈썹줄이 있다. 암컷은 머리 꼭대기에서 등까지 연한 녹갈색이고 목부터 배까지는 황백색이다. 옆구리 색은 수컷과 같다.

5~7월에 북녘의 북쪽 지방이나 시베리아에서 짝짓기를 한다. 수컷이 아침부터 저녁까지 끊임없이 지저귀면서 암컷을 부른다. 둥지는 숲 속 바위틈이나 수풀 속에 밥그릇처럼 짓고, 흰색 바탕에 적갈색 무늬가 있는 알을 3~8개 낳는다. 새끼를 치고 겨울이 되면 동남아시아로 날아가 겨울을 난다. 우리나라에는 두 곳을 오가는 봄가을에 들러 쉬어 간다. 특히 4월에 중국 쪽에서 날아온 유리딱새 무리가 서해안 섬으로 많이 찾아온다.

사는 곳 숲, 공원
먹이 벌레, 나무 열매, 풀씨
분포 우리나라, 중국, 일본, 몽골
구분 나그네새

딱새 *Phoenicurus auroreus* / Daurian Redstart

참새목 솔딱새과

딱새는 누군가를 경계할 때 울타리나 나뭇가지에 앉아 머리와 꼬리를 들썩이면서 입으로 '딱, 따닥, 딱' 하는 소리를 낸다. 귀신이 나온다고들 하는 대나무밭에서 자주 보이는 데다 몸 색이 울긋불긋해서 무당새라 부르기도 한다.

숲 속이나 마을 둘레 대나무밭에서 산다. 무리를 짓지 않고 혼자 또는 암수가 함께 다닌다. 키가 작은 떨기나무에 앉아 꽁지를 파르르 떠는 버릇이 있다. 사람이 가까이 가도 쉽게 달아나지 않는다. 여름에는 딱정벌레나 파리 같은 벌레를 잡아먹고 겨울에는 나무 열매나 풀씨를 먹는다.

몸길이는 14cm쯤 된다. 수컷은 머리 꼭대기에서 목덜미까지는 회색이고 얼굴과 날개는 검은색이다. 날개에는 흰색 점이 있다. 가슴부터 배, 꽁지까지는 밝은 적갈색을 띤다. 암컷은 머리 꼭대기와 등, 날개가 연한 녹색이고 날개에 수컷처럼 흰색 점이 있다. 옆구리와 꽁지는 연한 적갈색이다. 가슴과 배는 황백색을 띠며 부리와 다리는 수컷과 같은 검은색이다.

4월이면 수컷은 나뭇가지에 앉아 지저귀면서 암컷을 부른다. 짝짓기를 하고 나면 마을 둘레의 바위틈에 이끼와 나뭇잎을 쌓아 둥지를 짓는다. 알은 5~7개 낳는데 청백색 바탕에 붉은색 무늬가 있다. 우리나라에서 한 해 내내 볼 수 있는 텃새다. 몽골이나 러시아에서 새끼를 치고 동남아시아에서 겨울을 나면서 봄가을에 우리나라에 들르는 새들도 있다.

사는 곳 숲, 마을, 밭
먹이 벌레, 나무 열매, 풀씨
분포 우리나라, 중국, 일본, 몽골, 러시아
구분 텃새

바다직박구리 *Monticola solitarius* / Blue Rock Thrush

참새목 솔딱새과

바다직박구리는 바닷가에 사는 새인데 생김새가 직박구리와 닮았다.

주로 바닷가 벼랑에서 살고 뭍으로는 잘 가지 않는다. 바닷가 바위를 돌아다니면서 지네를 잡아먹고 딱정벌레, 벌, 파리, 나비 같은 벌레도 먹는다. 도마뱀이나 나무 열매도 잘 먹는다.

몸길이는 25cm쯤 되고 암수가 다르게 생겼다. 수컷은 머리, 등, 멱, 가슴은 회청색이고 배는 적갈색이다. 날개와 꽁지는 흑갈색이고 부리와 다리는 검은색을 띤다. 암컷은 머리와 등이 어두운 갈색이고, 가슴과 배는 연한 갈색 바탕인데 가로로 비늘무늬가 있다. 부리도 몸과 비슷한 갈색을 띤다. 보호색 때문에 사람이나 천적 눈에 잘 띄지 않는다.

해마다 4~6월이면 수컷이 앞이 훤히 트인 바위 위나 높은 나뭇가지에 앉아 소리를 내면서 짝을 찾는다. 쉴 새 없이 지저귀면서 수직으로 날아올라 암컷 눈길을 끈다. 짝짓기를 마치면 사람이 드문 바닷가 벼랑이나 바위틈, 건물 틈에 가는 나무뿌리나 마른풀을 쌓아 둥지를 만든다. 알은 5개쯤 낳는데 청백색을 띤다. 우리나라를 비롯한 일본, 터키, 인도네시아, 필리핀 들에서 한 해 내내 살면서 새끼를 친다. 주로 동해안과 남해안에서 볼 수 있고 설악산처럼 높은 산에서도 보인다. 1960년대까지만 해도 바닷가 사람들이 어렵지 않게 잡아다 길렀다지만 요즘에는 수가 많이 줄었다.

사는 곳 바닷가
먹이 지네, 벌레, 도마뱀, 새우, 나무 열매
분포 우리나라, 중국, 일본, 동남아시아
구분 텃새

흰눈썹황금새 *Ficedula zanthopygia* / Yellow-rumped Flycatcher

흰눈썹황금새는 눈썹줄이 흰색이고 가슴과 배가 황금처럼 밝은 노란색을 띠는 새다. 북녘에서는 흰눈섭황금새라고 한다.

낮은 산이나 숲에서 산다. 나뭇가지에 앉아 있다가 날아다니는 벌레를 보면 다가가 입으로 낚아챈 다음 나무 위로 돌아가 먹는다. 딱정벌레나 나비 같은 벌레를 먹고 애벌레도 먹는다. 꽁지를 위아래로 흔드는 버릇이 있다.

몸길이는 13cm쯤 된다. 수컷은 몸 위쪽이 거의 다 검은색이고 눈썹줄과 날개에 있는 무늬만 흰색이다. 턱부터 가슴, 배까지는 진한 노란색을 띤다. 부리와 꽁지는 검은색이고 다리는 진한 갈색이다. 암컷은 머리와 날개가 황갈색이고 등은 황록색이다. 허리는 노란색이며 가슴과 배는 황백색을 띤다. 수컷과는 달리 눈썹줄이 희미해서 거의 보이지 않는다.

5~7월에 우리나라에서 짝짓기를 한다. 수컷은 아침 일찍부터 여러 가지 소리로 울면서 암컷을 찾는다. 둥지는 나무 구멍에 튼다. 이끼로 밥그릇처럼 만들고 바닥에는 풀뿌리나 솔잎을 깐다. 사람이 달아 놓은 둥지를 쓰기도 한다. 알은 5개쯤 낳고 열흘쯤 품으면 새끼가 태어난다. 보름 동안 어미가 벌레와 애벌레를 물어다 먹이면서 보살핀다. 중국에서도 새끼를 친다. 가을에는 따뜻한 동남아시아로 옮겨 갔다가 이듬해 4월 말에서 5월 초에 다시 찾아온다. 중부 지방에서는 봄에 흔히 볼 수 있다.

사는 곳 산, 숲, 마을, 공원
먹이 딱정벌레, 나비, 벌, 파리, 애벌레
분포 우리나라, 중국, 몽골, 러시아
구분 여름 철새

큰유리새 *Cyanoptila cyanomelana* / Blue and white Flycatcher

참새목 솔딱새과

큰유리새는 유리처럼 맑고 푸른색을 띠는 유리새 가운데 몸집이 큰 새다. 쇠유리새보다 크다는 뜻으로 이름 붙인 것으로 짐작한다. 북녘에서는 큰류리새라고 부른다.

숲이나 계곡 둘레에서 산다. 주로 나무 위에서 지내고 땅 위에는 내려오지 않는다. 나뭇가지에 한번 자리 잡으면 잘 움직이지 않는다. 먹이를 잡을 때도 날고 있는 벌레가 보이면 날아가 낚아챈 다음 다시 나뭇가지로 돌아와 먹기 시작한다. 흔히 딱정벌레나 나비 같은 벌레와 나무 열매를 먹는다.

몸길이는 17cm쯤으로 유리새 무리 가운데 몸집이 가장 크다. 수컷은 머리, 등, 꽁지는 진한 파란색이고 뺨, 가슴, 허리는 검은색이며 배는 흰색이다. 암컷은 수컷보다 몸집이 조금 작으면서 보호색을 띤다. 머리부터 등까지는 녹갈색이고 목, 가슴은 연한 갈색을 띠며 배는 흰색이다.

해마다 4~8월에 수컷이 산속 나무 위에서 멱에 난 깃털을 세운 채 지저귄다. 때로는 흰눈썹황금새나 멧새 울음소리를 듣고 따라 하기도 한다. 둥지는 숲 속 바위틈이나 벼랑에 이끼와 낙엽으로 짓고 흰색 또는 회백색 알을 5개 낳는다. 우리나라 말고도 중국, 일본, 러시아에서 새끼를 치고 가을에는 동남아시아로 날아가 겨울을 난다. 이듬해 봄이면 서해를 건너 다시 찾아오는데, 주로 섬에 있는 숲 속에서 먹이를 찾기 때문에 눈에 잘 띄지 않는다.

사는 곳 숲, 계곡, 벼랑
먹이 딱정벌레, 나비, 거미, 지네, 나무 열매
분포 우리나라, 중국, 일본, 몽골, 동남아시아
구분 여름 철새

물까마귀 *Cinclus pallasii* / Brown Dipper

참새목 물까마귀과

물가에 사는 검은 새라고 물까마귀라고 한다. 북녘에서는 물쥐새라 한다.

개울가나 산속 계곡 같은 물가에서 혼자 또는 암수가 함께 산다. 낮에는 물가의 나뭇가지나 바위를 옮겨 다니면서 짧은 꽁지를 까딱거리고 쉰다. 먹이 사냥은 주로 저녁에 하는데, 물속에 들어가 날개를 파닥거리며 헤엄치거나 걸어 다니면서 물고기나 가재, 물벌레를 잡아먹는다. 한 번 잠수를 하면 15초쯤 견딘다. 날 때는 낮고 빠르게 날고 땅이나 바위 위에서는 두 다리를 모은 채 통통 뛰어다닌다. 겨울에는 물이 얼지 않은 곳을 찾아 하류로 옮겨 다닌다. 개울가 바위에 흰색 똥을 싸서 영역을 표시하는 버릇이 있다.

몸길이는 22cm쯤 된다. 대체로 적갈색을 띠는데, 날개와 꽁지는 흑갈색이고 부리와 다리는 밝은 회색이다. 날개는 짧고 둥글어서 물속에서 헤엄칠 때 마찰이 작고 콧구멍은 여닫을 수 있어 잠수하기 좋다.

3~4월에 우리나라에서 짝짓기를 한다. 둥지는 물가 벼랑이나 바위틈, 다리 밑처럼 으슥하고 그늘진 곳에 이끼를 써서 둥글게 만든다. 물과 가까운 곳에 지어도 이끼를 두껍게 다져 만들기 때문에 쉽게 무너지지 않는다. 바닥에는 풀뿌리를 깔고 흰색 알을 5개쯤 낳는다. 보름쯤 품어서 새끼가 태어나면 어미는 애벌레를 잡아다 먹이면서 키운다. 한 해 내내 우리나라에서 사는 텃새로 중국이나 일본, 동남아시아와 아프리카에서도 볼 수 있다.

사는 곳 개울, 계곡, 강, 호수
먹이 물고기, 가재, 물벌레, 개구리
분포 우리나라, 중국, 일본, 러시아, 유럽
구분 텃새

참새 *Passer montanus* / Eurasian Tree Sparrow

참새목 참새과

　참새는 옛날부터 둘레에서 흔히 볼 수 있고 새 가운데 참된 새라는 뜻으로 붙인 이름이다. 사람들이 가깝게 여겨 온 만큼 속담에도 자주 나온다.

　시골 마을과 논밭, 숲은 물론 도시 공원에서도 산다. 암수가 함께 살다가 새끼를 치고 난 7~8월부터는 수십 마리씩 무리를 짓는다. 나무 사이를 날거나 두 다리를 모아 땅 위를 뛰어다니면서 먹이를 찾는다. 봄여름에는 주로 메뚜기나 나비 같은 벌레를 잡아먹고, 가을부터는 낟알이나 나무 열매를 많이 먹는다. 농촌에서는 모판이나 논밭의 낟알을 축내서 농사꾼들의 원성을 사기도 한다. 잠은 대나무밭이나 돌담 구멍, 지붕 아래에서 잔다.

　몸길이는 14cm쯤 되고 암수 생김새가 거의 같다. 머리 꼭대기는 진한 갈색이고 등과 어깨, 날개는 갈색 바탕에 검은색 줄무늬가 있다. 눈 앞과 뺨, 턱에는 검은색 무늬가 있고 목에는 검은색 가로줄이 있다. 부리는 노란색이 섞인 검은색이며 가슴과 배는 황백색을 띤다.

　3~8월에 수컷이 털을 부풀리고 꽁지를 부채처럼 펼친 채 '쯔쯧 쯔즈즈즛' 하고 울면서 짝을 찾는다. 한 해에도 여러 번 새끼를 친다. 둥지는 처마 밑이나 돌담 틈에 마른풀을 쌓아 둥글게 짓고 구멍은 옆으로 낸다. 청백색 바탕에 회색이나 갈색 무늬가 있는 알을 4~8개 낳는다. 한 해 내내 흔히 볼 수 있는 새지만 갈수록 수가 줄고 있다.

사는 곳 마을, 논밭, 언덕, 숲, 공원
먹이 벌레, 낟알, 나무 열매, 풀씨
분포 우리나라, 중국, 일본, 동남아시아
구분 텃새

노랑할미새 *Motacilla cinerea* / Grey Wagtail

참새목 할미새과

할미새 무리 가운데 가슴과 배가 밝은 노란색을 띤다고 노랑할미새라는 이름이 붙었다. 꽁지를 계속 위아래로 흔드는 버릇이 있어, 학명에는 꽁지를 끊임없이 움직이는 새라는 뜻이 담겨 있다.

개울이나 냇가, 계곡 둘레에 많이 산다. 암수가 함께 파도를 그리며 날고 도로 위나 전봇줄에 잘 앉는다. 계곡 둘레 바위를 옮겨 다니면서 파리나 나방 같은 벌레를 잡아먹는데, 물속에 들어가서 물벌레를 잡아먹기도 한다. 주로 사람한테 해를 주는 벌레를 많이 잡아먹는다.

몸길이는 20cm쯤 된다. 수컷은 머리 꼭대기와 등이 회색이고 멱과 날개는 검은색이다. 눈 위에는 흰색 눈썹줄이 있고 가슴과 배는 노란색을 띤다. 꽁지는 길게 뻗었다. 부리는 검은색이고 다리는 적갈색이다. 암컷은 수컷과 비슷한데 멱이 흰색을 띤다.

5~6월에 우리나라에서 짝짓기를 한다. 둥지는 개울가 바위틈이나 돌담, 나무 구멍에 튼 다음 바닥에 털, 이끼, 풀뿌리를 물어다 깐다. 청백색 바탕에 연한 갈색 무늬가 있는 알을 4~6개 낳는다. 암컷이 알을 보름 정도 품는데, 이때는 사람이 다가가도 도망치기보다는 끝까지 알을 지킨다. 수컷도 둥지 둘레에서 천적이 오는지 계속 살핀다. 우리나라 말고도 중국, 일본, 유럽에서 새끼를 친다. 날씨가 추워지면 인도나 동남아시아로 갔다가 이듬해에 다시 온다. 우리나라 남쪽 지방에서 겨울을 나는 새도 있다.

사는 곳 개울, 냇가, 계곡, 호숫가
먹이 벌레, 물벌레, 거미, 애벌레
분포 우리나라, 중국, 일본, 러시아, 유럽
구분 여름 철새

알락할미새 *Motacilla alba* / White Wagtail

참새목 할미새과

몸에 흰색과 검은색이 뒤섞여 알락달락해서 알락할미새라 한다. 꽁지를 위아래로 흔들면서 빠르게 뛰어다닌다고 깝죽새나 까불이새라고도 부른다.

논밭이나 마을에서 산다. 짝짓기 때는 암수가 함께 다니다가 새끼를 치고 나면 가족끼리 다닌다. 낮은 높이에서 파도를 그리며 날고 미루나무나 소나무 가지에 모여 잠을 잔다. 먹이는 개울이나 호숫가에서 찾는다. 흔히 벌레와 애벌레, 거미를 잡아먹는다.

몸길이는 20cm쯤 되고 암수가 비슷하게 생겼다. 머리 꼭대기와 등, 날개, 가슴은 검은색이고 얼굴과 목, 배는 흰색이다. 겨울이 되면 온몸의 색이 옅어지고 가슴에 있던 검은색 무늬가 작아진다. 부리, 다리, 꽁지도 검은색이다.

4~6월에 우리나라에서 짝짓기를 한다. 돌담이나 나무 구멍에 밥그릇처럼 생긴 둥지를 만들고 바닥에는 풀뿌리와 털을 깐다. 알은 하루에 1개씩 모두 5개쯤 낳는데 청백색 바탕에 갈색과 회색 무늬가 있다. 알을 품은 지 13일쯤 되면 새끼가 태어난다. 깃털도 없이 알몸으로 태어난 새끼한테 먹이를 잡아다 주면서 보름 동안 키우면 새끼는 날 수 있게 된다. 새끼를 치고 난 가을이면 중국 남부 지방이나 동남아시아, 아프리카로 날아가 겨울을 나고 이듬해 봄에 다시 찾아온다. 1970년대까지만 해도 흔히 볼 수 있었지만, 요즘에는 그 수가 많이 줄어 시골이나 산속의 절에서 가끔씩 볼 수 있게 되었다.

사는 곳 논밭, 마을, 숲, 냇가, 언덕
먹이 벌레, 애벌레, 거미
분포 우리나라, 중국, 일본, 몽골, 네팔
구분 여름 철새

되새 *Fringilla montifringilla* / Brambling

참새목 되새과

몸 색이 꽃처럼 고운 데다 참새와 닮았다고 북녘에서는 꽃참새라고 한다. 대숲이나 계곡 둘레에서 산다. 짝짓기 때는 암수가 같이 다니다가 겨울이 되면 수십 마리씩 무리를 짓는다. 나뭇가지에 앉아 지내다가 논밭으로 내려와 걸어 다니면서 먹이를 찾는다. 해 질 무렵에는 대숲으로 날아 들어가 잠을 잔다. 여름에는 벌레를 잡아먹고 겨울에는 나무 열매나 풀씨를 먹는다.

몸길이는 16cm쯤 된다. 여름에는 머리부터 목덜미까지 검은색을 띤다. 멱과 가슴, 어깨는 주황색이고 배는 황백색이다. 날개는 검은색과 갈색이 섞여 있다. 겨울이 되면 머리부터 목덜미까지 갈색으로 바뀌고 등과 날개는 황갈색 바탕에 검은 줄무늬가 생긴다. 암컷은 몸 색이 전체적으로 수컷보다 연하다. 머리부터 목덜미까지 황갈색이고 머리에는 갈색 무늬가 있다. 등과 날개는 황갈색 바탕에 갈색과 검은색 무늬가 있으며 배는 황백색을 띤다.

5~6월에 러시아에서 짝짓기를 한다. 자작나무나 소나무 가지 위에 마른풀과 줄기, 이끼를 써서 밥그릇처럼 생긴 둥지를 만들고 바닥에는 동물 털을 깐다. 알은 6~7개 낳는데 푸른색이나 갈색 바탕에 갈색 무늬가 있다. 보름쯤 품어서 새끼가 태어나면 암수가 함께 먹이를 잡아 먹이면서 다시 보름 동안 키운다. 해마다 겨울이면 논밭, 언덕, 숲 들에서 수십 마리씩 무리 지어 다니는 되새를 볼 수 있다.

사는 곳 대숲, 계곡, 논밭, 숲
먹이 벌레, 나무 열매, 풀씨, 낟알
분포 우리나라, 중국, 일본, 타이완, 러시아
구분 겨울 철새

방울새 *Carduelis sinica* / Grey-capped Greenfinch

참새목 되새과

'또르릉, 또르릉' 하는 울음소리가 방울 구르는 소리와 비슷해서 방울새라는 이름이 붙었다.

산기슭이나 논밭 둘레의 나무가 많은 곳에 산다. 여름에는 혼자 또는 암수가 함께 다니다가 겨울이면 수십 마리씩 몰려다니는 모습을 볼 수 있다. 전봇줄에 나란히 앉아 있기도 한다. 주로 솔씨나 해바라기씨 같은 식물성 먹이를 먹지만 새끼를 낳아 기르는 여름에는 벌레도 잡아먹는다. 새끼를 치고 나면 논밭에서 풀씨와 낟알을 주워 먹고 산다.

몸길이는 14cm쯤 된다. 가슴과 배는 연한 황갈색이고 등과 날개는 더 진한 황갈색이다. 날개와 꽁지에는 검은색, 노란색, 회색 깃이 섞여 있다. 부리와 다리는 분홍색이다. 암컷은 수컷과 비슷하지만 몸 색이 연하다.

4~6월에 짝짓기를 하고 숲으로 간다. 높은 나뭇가지 위에 나뭇잎, 풀뿌리, 이끼를 모아 밥그릇처럼 생긴 둥지를 튼다. 바닥에는 깃털이나 동물 털을 깔아 푹신하게 만든 다음 푸른색 알을 3~5개 낳는다. 어미가 12일쯤 품으면 새끼가 태어난다. 새끼한테는 애벌레를 잡아다 먹인다. 시골 마을이나 낮은 산에서 어렵지 않게 볼 수 있는 텃새다. 산속의 넓게 트인 바위 위에 좁쌀이나 들깨 씨앗을 뿌려 두어도 잘 찾아와 먹는다. 우리나라 말고도 일본과 중국, 몽골에서 한 해 내내 볼 수 있다.

사는 곳 산, 논밭, 마을, 언덕, 공원
먹이 씨앗, 벌레, 낟알, 나무 열매
분포 우리나라, 일본, 중국, 러시아
구분 텃새

양진이 *Carpodacus roseus* / Pallas's Rosefinch

참새목 되새과

몸이 둥글고 통통한데다 고운 붉은색을 띠고 있어 눈에 띄는 새다. 북녘에서는 양지니라고 한다.

산기슭이나 숲에서 산다. 여름에는 암수끼리 지내다가 겨울이 되면 수십 마리씩 무리 지어 다닌다. 산속 높은 나무 위에 자주 앉고 날 때는 파도를 그리며 난다. 나뭇가지 사이를 날아다니며 먹이를 찾기도 하지만 풀 속이나 땅 위로 내려와 걸어 다니며 찾을 때가 많다. 벌레나 낟알, 씨앗, 나무 열매 들을 먹는데 특히 쑥씨를 즐겨 먹는다.

몸길이는 17cm쯤 된다. 수컷은 온몸이 붉은색을 띠고 이마와 멱에 흰색 깃이 작은 점처럼 퍼져 있다. 등, 날개, 꽁지에는 붉은색과 흑갈색 깃이 섞여 있다. 날개에는 흐릿한 흰색 띠가 2개 있다. 가슴과 옆구리는 붉은색이지만 아랫배는 흰색이다. 암컷은 온몸이 황갈색을 띤다. 등과 날개는 황갈색 바탕에 검은색 세로 줄무늬가 있고, 멱부터 배까지는 황백색 바탕에 흑갈색 세로 줄무늬가 있다. 이마와 가슴에는 적갈색 기운이 돈다.

여름에 우리나라보다 서늘한 러시아에서 짝짓기와 함께 새끼 치기를 한다. 푸른색 바탕에 검은색 무늬가 있는 알을 낳는다. 새끼를 키워서 내보낸 다음 11월쯤에 우리나라, 중국, 일본으로 찾아와 겨울을 난다. 요즘에는 수가 많이 줄어서 겨울이면 남한산성 둘레에서나 한 번씩 볼 수 있다.

사는 곳 산기슭, 숲, 공원, 밭
먹이 벌레, 낟알, 씨앗, 나무 열매
분포 우리나라, 일본, 중국, 몽골, 러시아
구분 겨울 철새

솔잣새 *Loxia curvirostra* / Red Crossbill

참새목 되새과

지구에 사는 수천 마리 새 가운데 유일하게 위아래 부리가 어긋나 있는 새다. 어긋난 부리로 소나무나 잣나무 씨앗을 잘 까먹어서 솔잣새라고 한다. 북녘에서는 잣새라고 부른다.

소나무나 잣나무가 많은 숲에서 사는데 주로 나무 위에서 지낸다. 10마리에서 많게는 100마리씩 무리 지어 파도를 그리며 난다. 나무 사이를 날아다니면서 먹이를 찾는다. 솔씨와 잣을 많이 먹고 새싹이나 벌레, 애벌레를 먹기도 한다. 나무에 거꾸로 매달려서도 잘 찾아 먹는다.

몸길이는 16cm쯤 된다. 수컷은 머리, 등, 가슴, 배가 진한 붉은색이다. 옆구리와 아랫배는 회색이고 날개와 꽁지는 흑갈색이다. 암컷은 날개만 회갈색이고 나머지 부분은 황록색을 띤다. 짧고 두꺼운 부리는 끝이 뾰족하게 굽어 있으면서 서로 엇갈려 맞물린다.

3~4월에 짝짓기를 하고 소나무 숲 가장자리에 둥지를 튼다. 큰키나무 가지 위에 잔가지와 풀줄기, 깃털을 써서 밥그릇처럼 만들고 바닥에는 동물 털과 마른풀을 깐다. 알은 3~5개 낳는데 청백색 바탕에 자주색과 검은색 무늬가 있다. 우리나라보다 서늘한 중국 북쪽과 몽골, 러시아에서 새끼를 친 다음 겨울에 우리나라로 찾아오는 겨울 철새다. 1970년대에는 경기도 광릉 소나무밭에서 흔히 볼 수 있었지만 요즘은 보기 힘들다.

사는 곳 숲
먹이 솔씨, 잣, 새싹, 벌레, 애벌레
분포 우리나라, 중국, 일본, 몽골, 러시아
구분 겨울 철새

멋쟁이 *Pyrrhula pyrrhula* / Eurasian Bullfinch

참새목 되새과

멋있게 생긴 새라고 멋쟁이라고 부른다. 예로부터 생김새며 울음소리가 예쁜 새로 알려져 사람들이 잡아다가 많이 길렀다. 북녘에서는 머리와 날개, 꽁지가 검은색을 띠는 것이 까치를 닮았다고 산까치라고 한다.

깊은 산속 계곡 둘레나 숲에 산다. 산꼭대기에서부터 기슭으로 날아 내려오면서 먹이를 찾는다. 여름에는 암수가 함께 다니지만 겨울이면 마을 둘레에서 여남은 마리씩 무리를 지어 다닌다. 여름에는 산속에서 딱정벌레나 나비 같은 벌레를 잡아먹고, 겨울이면 마을 둘레로 내려와 씨앗과 나무 열매를 먹는다. 특히 벚나무 새싹을 자주 먹는다.

몸길이는 15cm쯤 된다. 수컷은 머리, 이마, 턱이 검은색이고 뺨과 멱, 가슴, 배는 연한 붉은색이다. 등과 어깨는 회색, 날개와 꽁지는 검은색을 띤다. 부리는 검은색, 다리는 암갈색이다. 암컷도 수컷처럼 머리와 날개, 꽁지는 검은색이고 등과 어깨는 회색이지만 뺨, 가슴, 배는 연한 회갈색을 띤다.

5~7월에 몽골이나 러시아에서 짝짓기를 하고 숲 속 바늘잎나무에 둥지를 튼다. 나뭇가지 위에 잔가지와 이끼를 쌓아 밥그릇처럼 만들고 바닥에는 풀뿌리와 깃털을 깐다. 알은 4~6개 낳는데 녹청색 바탕에 자갈색 무늬가 있다. 우리나라에 겨울을 나러 찾아오는 겨울 철새다. 중국과 일본, 유럽에서도 겨울을 나는데, 봄이 오면 다시 서늘한 북쪽으로 날아간다.

사는 곳 산, 숲, 공원
먹이 새싹, 벌레, 씨앗, 나무 열매, 꽃
분포 우리나라, 일본, 중국, 몽골, 러시아
구분 겨울 철새

콩새 *Coccothraustes coccothraustes* / Hawfinch

참새목 되새과

콩을 잘 먹는 새라서 콩새라고 한다. 두툼하고 단단한 부리로 콩을 잘게 부수어 먹는데, 학명에도 낟알을 부수어 먹는 새라는 뜻이 담겨 있다.

시골 마을 둘레에 많이 살고 산기슭이나 숲에도 산다. 겨울에는 혼자 또는 2~3마리씩 다니고 이동할 때는 10마리 안팎으로 무리 짓는다. 떼 지어 날아다니면서 나무 열매나 낟알은 물론 딱정벌레, 무당벌레, 장수풍뎅이 같은 벌레를 잡아먹고 산다. 특히 단풍나무 열매를 좋아해서 단풍나무가 많은 금강산에는 콩새가 유난히 많다고 한다.

몸길이는 18cm쯤 된다. 수컷은 머리가 황갈색이고 등과 어깨는 갈색이다. 눈 앞과 멱, 날개는 검은색이며 목덜미는 회색이다. 가슴과 배는 연한 황갈색이다. 부리는 겨울에는 분홍색이지만 여름에는 회갈색으로 바뀌며 다리는 분홍색을 띤다. 암컷은 머리나 부리 색이 훨씬 연하다.

해마다 5~6월에 짝짓기를 하고 새끼를 친다. 둥지는 넓은잎나무가 많은 숲 가장자리에 많이 짓는다. 나뭇가지에 마른풀과 줄기를 쌓아 밥그릇처럼 만들고 바닥에는 풀뿌리와 헝겊을 물어다 깐다. 알은 3~6개 낳는데 연한 녹청색 바탕에 회색 무늬가 있다. 열흘쯤 품으면 새끼가 태어난다. 새끼를 치고 늦가을이면 우리나라를 찾아와 겨울을 난다. 제주도 비자나무 숲에서는 겨울이면 콩새 몇 마리가 무리 지어 다니는 모습을 종종 볼 수 있다.

사는 곳 마을, 산기슭, 숲, 공원
먹이 나무 열매, 풀씨, 낟알, 딱정벌레
분포 우리나라, 중국, 일본, 몽골, 러시아
구분 겨울 철새

멧새 *Emberiza cioides* / Meadow Bunting

참새목 되새과

콩을 잘 먹는 새라서 콩새라고 한다. 두툼하고 단단한 부리로 콩을 잘게 부수어 먹는데, 학명에도 낟알을 부수어 먹는 새라는 뜻이 담겨 있다.

시골 마을 둘레에 많이 살고 산기슭이나 숲에도 산다. 겨울에는 혼자 또는 2~3마리씩 다니고 이동할 때는 10마리 안팎으로 무리 짓는다. 떼 지어 날아다니면서 나무 열매나 낟알은 물론 딱정벌레, 무당벌레, 장수풍뎅이 같은 벌레를 잡아먹고 산다. 특히 단풍나무 열매를 좋아해서 단풍나무가 많은 금강산에는 콩새가 유난히 많다고 한다.

몸길이는 18cm쯤 된다. 수컷은 머리가 황갈색이고 등과 어깨는 갈색이다. 눈 앞과 멱, 날개는 검은색이며 목덜미는 회색이다. 가슴과 배는 연한 황갈색이다. 부리는 겨울에는 분홍색이지만 여름에는 회갈색으로 바뀌며 다리는 분홍색을 띤다. 암컷은 머리나 부리 색이 훨씬 연하다.

해마다 5~6월에 짝짓기를 하고 새끼를 친다. 둥지는 넓은잎나무가 많은 숲 가장자리에 많이 짓는다. 나뭇가지에 마른풀과 줄기를 쌓아 밥그릇처럼 만들고 바닥에는 풀뿌리와 헝겊을 물어다 깐다. 알은 3~6개 낳는데 연한 녹청색 바탕에 회색 무늬가 있다. 열흘쯤 품으면 새끼가 태어난다. 새끼를 치고 늦가을이면 우리나라를 찾아와 겨울을 난다. 제주도 비자나무 숲에서는 겨울이면 콩새 몇 마리가 무리 지어 다니는 모습을 종종 볼 수 있다.

사는 곳 마을, 산기슭, 숲, 공원
먹이 나무 열매, 풀씨, 낟알, 딱정벌레
분포 우리나라, 중국, 일본, 몽골, 러시아
구분 겨울 철새

멧새 *Emberiza cioides* / Meadow Bunting

참새목 멧새과

옛날에는 산을 메라고 했다. 멧새는 곧 산에 사는 새라는 뜻이다.

낮은 산이나 밭 둘레, 숲에서 산다. 짝짓기 무렵에는 암수가 함께 살다가 새끼를 치고 나면 10마리 안쪽으로 작은 무리를 지어 다닌다. 날 때는 날개를 심하게 퍼덕거리며 난다. 여름에는 주로 나비 같은 벌레와 애벌레를 먹고 겨울에는 풀씨나 나무 열매를 먹는다.

몸길이는 17cm쯤 된다. 참새와 비슷하게 생겼지만 꽁지가 훨씬 길다. 여름에는 머리와 뺨은 밤색, 멱은 흰색이다. 눈 위에는 흰색 눈썹줄이 있다. 등과 날개, 꽁지는 황갈색과 갈색이 섞여 있고 가슴은 황갈색, 아랫배는 황백색이다. 겨울에는 색이 연해지면서 온몸이 황갈색을 띤다. 암컷은 수컷과 비슷하지만 머리의 밤색이 더 연하다.

5~7월에 짝짓기를 한다. 둥지는 밭 둘레나 숲 속 땅 위, 바위틈에 풀 줄기와 나뭇잎으로 밥그릇처럼 생긴 둥지를 만든다. 바닥에는 잔뿌리와 동물 털을 깐다. 알은 4~6개 낳는데 연한 갈색 바탕에 적갈색 무늬가 있다. 어미가 열흘 남짓 품으면 알에서 새끼가 나오고 다시 열흘 동안 먹이를 물어다 키우면 다 자란 새끼는 둥지를 떠난다. 계절이 바뀌어도 우리나라 안에서 옮겨 다니는 텃새다. 울음소리가 아름다워 예전에는 많은 사람들이 잡아다 집에 두고 길렀지만 요즘은 수가 많이 줄어서 보기 힘들어졌다.

사는 곳 산, 밭, 숲, 풀밭
먹이 벌레, 애벌레, 거미, 풀씨, 나무 열매
분포 우리나라, 중국, 일본, 몽골, 러시아
구분 텃새

노랑턱멧새 *Emberiza elegans* / Yellow-throated Bunting

참새목 멧새과

턱 부분이 노란색을 띠는 산새라서 노랑턱멧새라고 한다. 학명 속 elegans는 우아하고 품위 있다는 뜻으로 노랑턱멧새 생김새를 표현한 것이다.

낮은 산이나 떨기나무가 많은 숲에 산다. 여름에는 암수가 같이 다니다가 새끼를 치고 나면 10~20마리씩 무리를 짓는다. 가끔 쑥새나 촉새와 섞여 다니기도 한다. 재빠른 날갯짓으로 파도를 그리며 난다. 떨기나무 덤불 사이를 헤집거나 논밭을 걸어 다니면서 먹이를 찾는다. 여름에는 벌레와 애벌레를 잡아먹고 겨울에는 풀씨와 나무 열매를 먹는다.

몸길이는 16cm쯤 된다. 머리 위에 검은색 깃이 있는데 종종 뾰족하게 세운다. 수컷은 눈 둘레와 뺨이 검은색이고 눈썹줄과 멱은 노란색이다. 가슴에는 검은색을 띠는 세모꼴 무늬가 있다. 등, 날개, 꽁지에는 황갈색과 검은색 줄무늬가 섞여 있고 배는 흰색이다. 암컷은 머리 깃이 갈색이고 목과 가슴은 노란색이다. 몸이 전체적으로 수컷보다 연한 황갈색을 띤다.

5~6월에 짝짓기를 하고 떨기나무나 풀밭, 덤불 사이의 땅바닥에 둥지를 짓는다. 풀과 나뭇잎을 쌓아 밥그릇처럼 만들고 바닥에는 풀뿌리와 동물 털을 깐다. 알은 4~6개 낳는데 흰색 바탕에 어두운 갈색 무늬가 있다. 우리나라 멧새 무리 가운데 가장 흔한 텃새다. 겨울에는 북쪽에서 새끼를 친 무리가 내려와서 수가 늘어난다.

사는 곳 산, 숲, 풀밭, 논밭, 마을
먹이 벌레, 애벌레, 풀씨, 나무 열매
분포 우리나라, 일본, 중국, 러시아
구분 텃새

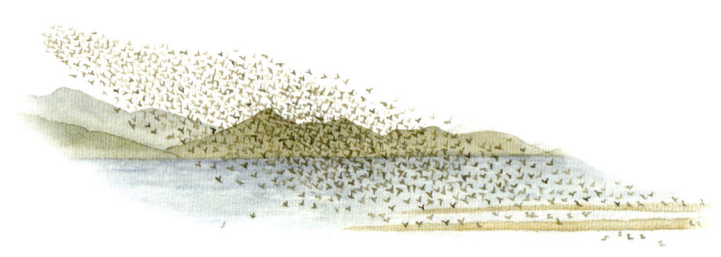

더 알아보기

산새
물새
새의 한살이
여러 가지 둥지
여러 가지 새알
새의 겉모습
새의 날개
골격과 근육
깃털 생김새와 역할
깃털 차이와 변화
나는 원리
날개 생김새와 역할

산새

산새

산새는 주로 산에서 사는 새를 말한다. 독수리, 물수리, 솔개, 참매, 꿩, 멧비둘기, 뻐꾸기, 수리부엉이, 물총새, 오색딱따구리, 솔잣새, 참새, 딱새, 동고비, 노랑턱멧새, 개똥지빠귀, 박새, 까치, 오목눈이 같은 새들이 있다.

산새는 먹이 또한 산에서 구할 수 있는 것을 먹는다. 식물성 먹이로는 나무와 꽃, 풀에서 나오는 꿀, 꽃가루, 풀씨, 나무 열매 들을 먹고, 동물성 먹이로는 땅 위와 나무에서 사는 딱정벌레, 나비, 벌, 파리, 매미 같은 여러 가지 벌레를 비롯해 벌레 알, 애벌레, 거미 들을 먹는다. 산속 계곡 둘레에 사는 호반새는 먹이도 계곡에서 작은 물고기나 가재, 게 들을 찾아 먹는다. 독수리나 솔부엉이처럼 몸집이 큰 새들은 뱀, 쥐, 두더지, 새, 토끼, 박쥐 같은 동물을 고루 잡아먹는다.

솔잣새 위아래 부리가 서로 어긋나게 맞물려 있다. 단단한 솔방울이나 잣 껍데기를 벌리고 비틀어 씨앗을 까먹는다.

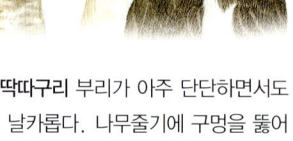

오색딱따구리 부리가 아주 단단하면서도 끝이 날카롭다. 나무줄기에 구멍을 뚫어 속에 있는 벌레를 잡아먹는다.

참매 위쪽 부리가 송곳니처럼 아주 날카롭고 아래로 구부러져 있다. 짐승을 잡아 잘게 찢어 먹기 좋다.

둥지는 흔히 나뭇가지 위에 작은 나뭇가지와 마른풀, 나뭇잎, 이끼 들을 쌓고 다져서 만든다. 자연스레 생긴 나무 구멍 속을 둥지로 삼기도 하지만 딱따구리는 단단한 부리로 나무에 구멍을 파서 쓴다. 천적의 눈을 피해 바위틈이나 수풀 속에 짓는 새도 있고, 물총새나 호반새는 흙 벼랑에 옆으로 긴 구멍을 파서 둥지로 쓴다.

산새는 물새에 비해 부리 길이가 짧고 날카로운 편이다. 나무 열매를 까서 먹거나 꽃 속의 꿀을 찾거나 날벌레를 비롯한 물고기, 뱀, 쥐, 새처럼 다양한 먹이를 잡아먹으려면 작지만 단단하고 날카로운 부리가 알맞기 때문이다. 발가락도 물새 발가락에 비해 길이가 짧으면서 발톱은 길고 날카롭다. 가볍게 날아다니면서 먹이를 움켜쥐거나 나뭇가지를 잡고 앉기 좋도록 발달한 것으로 짐작한다.

물수리 발이 크고 두툼하다. 발톱도 길고 끝이 날카로워서 큼직한 먹이를 움켜쥐기 좋다.

오색딱따구리 발가락이 앞뒤로 2개씩 있고 발톱은 갈고리처럼 굽어 있어 나무줄기를 잡고 매달려 있기 좋다.

딱새 흔히 날거나 나무 위에 앉아 있기 때문에 발이 작고 발가락도 가늘다. 땅에서는 균형 잡기가 힘들어 통통 뛰어다닌다.

물새

물새

물새는 주로 물가에서 사는 새를 가리킨다. 청둥오리, 원앙, 흰뺨검둥오리, 가창오리, 쇠기러기, 큰고니, 비오리, 개리 같은 오리과 새를 비롯해 황새, 노랑부리저어새, 왜가리, 논병아리, 두루미, 물닭, 괭이갈매기, 댕기물떼새, 도요 무리 들이 모두 우리나라에서 볼 수 있는 물새들이다.

물새는 보통 물가에서 먹이를 찾는다. 물속과 갯벌에 사는 물벌레와 물고기, 우렁이, 개구리, 새우, 조개, 게, 갯지렁이 같은 동물들은 물새들의 좋은 먹이가 된다. 물가와 가까운 땅에서 달팽이, 뱀, 쥐 같은 동물을 잡아먹기도 한다. 물속이나 물가에 사는 여러 가지 물풀을 뜯어 먹기도 하고, 기러기 무리는 물가에서 쉬다가도 멀리 논까지 날아가서 벼, 보리, 밀, 풀씨 같은 낟알을 주워 먹는다.

저어새 부리가 길고 끝이 주걱처럼 둥글납작하다. 물속에 넣고 노 젓듯이 좌우로 저으면서 먹이를 찾아 먹는다.

마도요 부리가 가늘고 긴 데다 아래로 굽어 있다. 갯벌 속에 깊이 숨은 먹이를 잡아먹기 편하다.

검은머리물떼새 부리 너비가 좁으면서 길다. 입을 벌린 굴이나 조개가 있으면 부리를 꽂은 다음 살을 꺼내 먹는다.

둥지는 갈대나 부들이 많은 물가에 물풀과 이끼를 쌓아 물 위에 뜨도록 만들기도 하고, 물가의 축축한 땅이나 풀밭 위에 짓기도 한다. 바다에 사는 새 가운데서는 바닷가 벼랑 위에 풀을 쌓아 둥지로 쓰는 새도 있다. 해오라기나 백로 무리는 산새들처럼 높은 나뭇가지 위에 나뭇가지를 쌓아 둥지를 만들고, 원앙이나 흰뺨오리는 나무 구멍 속에 마른풀을 깔아 둥지로 쓴다.

 물새는 산새에 비해 부리가 길쭉하고 넓적한 새들이 많다. 물속에서 물을 휘젓거나 갯벌 속에 숨은 먹이를 찾아 먹기 좋도록 발달했기 때문이다. 발가락도 길이가 길면서 사이에 물갈퀴가 붙어 있는 새가 많다. 물에서 헤엄을 치거나 진흙 위를 걸어 다니는 일이 많은 물새들한테 알맞은 생김새다.

왜가리 발가락이 길고 물갈퀴가 있어서 진흙 속에 빠지지 않는다. 땅이나 진흙 바닥 위를 걸어 다니기에 알맞다.

청둥오리 앞발가락 사이에 물갈퀴가 있어서 헤엄치거나 잠수하기 좋다. 물을 차고 날아오르거나 내려앉기도 쉽다.

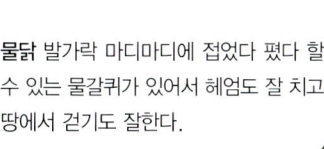

물닭 발가락 마디마디에 접었다 폈다 할 수 있는 물갈퀴가 있어서 헤엄도 잘 치고 땅에서 걷기도 잘한다.

새의 한살이 _장다리물떼새

장다리물떼새는 봄에 우리나라를 찾아와 짝짓기를 한다. 물이 고인 논이나 연못, 호수 같은 민물에 살면서 둥지를 짓고 새끼를 친다.

얕은 저수지나 논바닥에 둥지를 튼다. 볏짚이나 물풀을 화산처럼 쌓고, 바닥에는 물풀이나 작은 돌을 깐다. 알은 흔히 4개를 낳는다. 둥지는 새끼를 칠 때만 쓴다.

짝을 찾은 암수는 짝짓기를 한다. 암컷은 머리를 앞으로 뻗고 몸을 낮춘다. 수컷은 옆에서 왔다 갔다 하면서 부리로 물을 치다가 암컷 등으로 올라가 짝짓기를 한다.

암수가 번갈아 가며 알을 품는다.
천적이 둥지로 다가오면 '꽥-, 꽥-'
하고 큰 소리로 운다. 그러면 가까이에
있는 장다리물떼새 무리가 찾아와 적을
경계하면서 쫓아낸다.

알 품은 지 23~27일이 지나면 새끼가
나온다. 알에서 막 나온 새끼는 털이
젖어 있는데, 2~3시간 뒤에는 털이
마르면서 활발히 움직이기 시작한다.

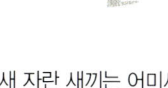

어느새 자란 새끼는 어미새와 함께
둥지를 떠나 스스로 먹이를 찾는다.
얕은 물가를 걸어 다니면서 개구리나
물고기를 부리로 콕콕 찍어 먹는다.

여러 가지 둥지

거의 모든 새는 스스로 둥지를 만든다. 새끼를 낳고 키우는 데는 무엇보다 둥지가 중요하다. 그래서 짝짓기 철이 되면 수컷은 천적 눈에 잘 띄지 않으면서도 비나 눈, 햇빛을 피할 수 있는 곳을 찾아 집 지을 재료를 나르느라 바빠진다.

마을 언저리에 사는 제비나 참새, 귀제비는 둥지도 처마 밑이나 돌담 틈, 다리 밑처럼 사람이 사는 곳 가까이에 짓는다. 흙, 볏짚, 마른풀을 짓이겨 쌓아서 밥그릇처럼 둥그스름하게 만드는데, 귀제비는 길고 둥글게 만든다.

꾀꼬리, 까치, 어치 같은 새들은 높은 나뭇가지에 마른 나뭇가지, 흙, 풀, 이끼, 거미줄 들을 써서 높은 곳에서도 떨어지지 않게 튼튼한 둥지를 짓는다. 쇠백로나 중대백로, 왜가리처럼 몸집이 큰 새들은 높은 나뭇가지에 나뭇가지를 엉성하게 엮어 접시처럼 생긴 둥지를 만든다.

제비 둥지

꾀꼬리 둥지

논병아리 둥지

딱따구리 무리는 단단한 부리로 나무에 구멍을 뚫어 둥지로 쓰고, 올빼미나 원앙은 딱따구리가 쓰던 둥지나 자연스레 만들어진 나무 구멍에 둥지를 튼다.
 꿩이나 물떼새는 땅 위에 둥지를 짓는다. 꿩은 풀밭에 몸을 문질러 땅을 판 뒤 마른풀을 깐다. 물떼새 무리는 자갈밭에 오목한 구멍을 파고 알을 낳는다.
 논병아리나 물닭은 얕은 물가나 갈대밭 틈에다 물 위에 뜨는 둥지를 만든다. 물풀과 이끼를 높이 쌓고 꼭대기는 화산처럼 오목하게 만들어 그 속에 알을 낳는다.
 개개비나 붉은머리오목눈이는 갈대나 물풀 줄기 사이를 다른 풀로 엮어 둥지를 만든다. 풀 속에 둥지를 틀면 풀에 가려서 천적 눈에 잘 띄지 않는다.
 그 밖에도 물총새는 흙 벼랑에 길고 좁은 구멍을 파서 둥지로 쓰고, 괭이갈매기는 벼랑 위 풀이 있는 오목한 곳에 둥지를 튼다.

꼬마물떼새 둥지

개개비 둥지

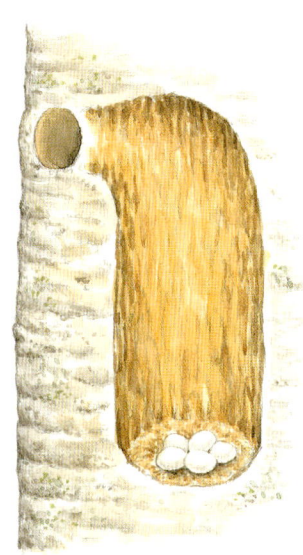

오색딱따구리 둥지

여러 가지 새알

새알의 생김새는 새가 사는 곳이나 둥지 생김새에 따라 조금씩 다르다. 주어진 환경 속에서 잘 보살필 수 있으면서도 천적 눈에는 띄지 않도록 발달한 것이다.

흔히 새알은 달걀처럼 생겼으나 한쪽이 좀 더 뾰족하다. 특히 바다에 사는 바다오리나 바다쇠오리, 바다비오리 같은 새들의 알은 한쪽이 두드러지게 뾰족해서 바닷가 바위 위에 알을 낳아도 무게 중심이 한쪽으로 쏠려 잘 구르지 않는다. 그래서 알이 굴러 떨어지거나 깨질 위험이 적다.

나무 구멍 속에 알을 낳는 원앙, 딱따구리, 올빼미 무리나 흙 벼랑 구멍에 알을 낳는 물총새, 물까마귀 들은 알이 하나같이 흰색이다. 어두운 구멍 안이라 둥지 속 알이 잘 보여야 잘 품고 돌볼 수 있기 때문이다.

오색딱따구리

제비

꿩

꼬마물떼새

자갈밭에 알을 낳는 꼬마물떼새는 알 색도 자갈과 비슷하다. 땅 위에 마른풀을 깔고 알을 낳는 꿩의 알은 마른풀과 비슷한 옅은 갈색을 띤다. 참새나 까치는 나뭇가지를 쌓아 만든 둥지처럼 알에도 얼룩덜룩한 흑갈색 무늬가 있다. 천적 눈에 띄어서 알을 빼앗기는 일이 없도록 보호색을 띠는 것이다.

높은 나무 위에 낳는 알은 청백색, 흰색, 무늬가 있는 것 들로 다양한데, 땅 위나 낮은 곳에 낳는 알보다는 눈에 덜 띄기 때문인 것으로 짐작된다.

새들은 많은 위험 속에서도 알을 낳는다. 추울 때는 자기 털을 뽑아 알을 감싸고, 더울 때는 몸에 물을 묻혀 와 알을 식히며, 둥지를 비울 때는 천적이 올까 봐 풀로 알을 덮어 가린다. 이런 노력으로 새들은 번식하고 생태계를 유지한다.

해오라기
휘파람새
까치
참새

본디 크기에서 1.2배 크게 그렸습니다.

새의 겉모습

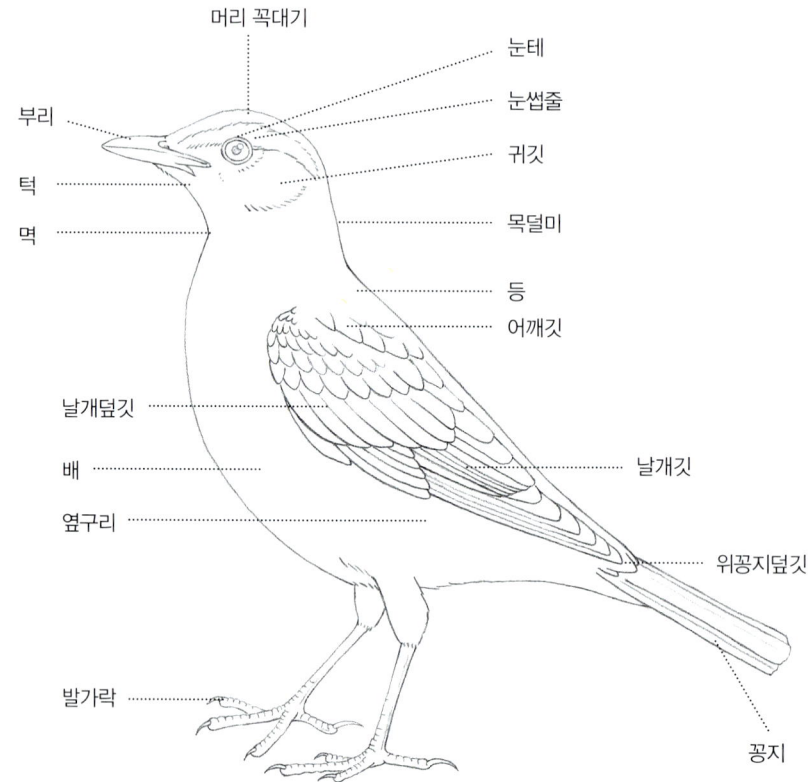

새의 날개

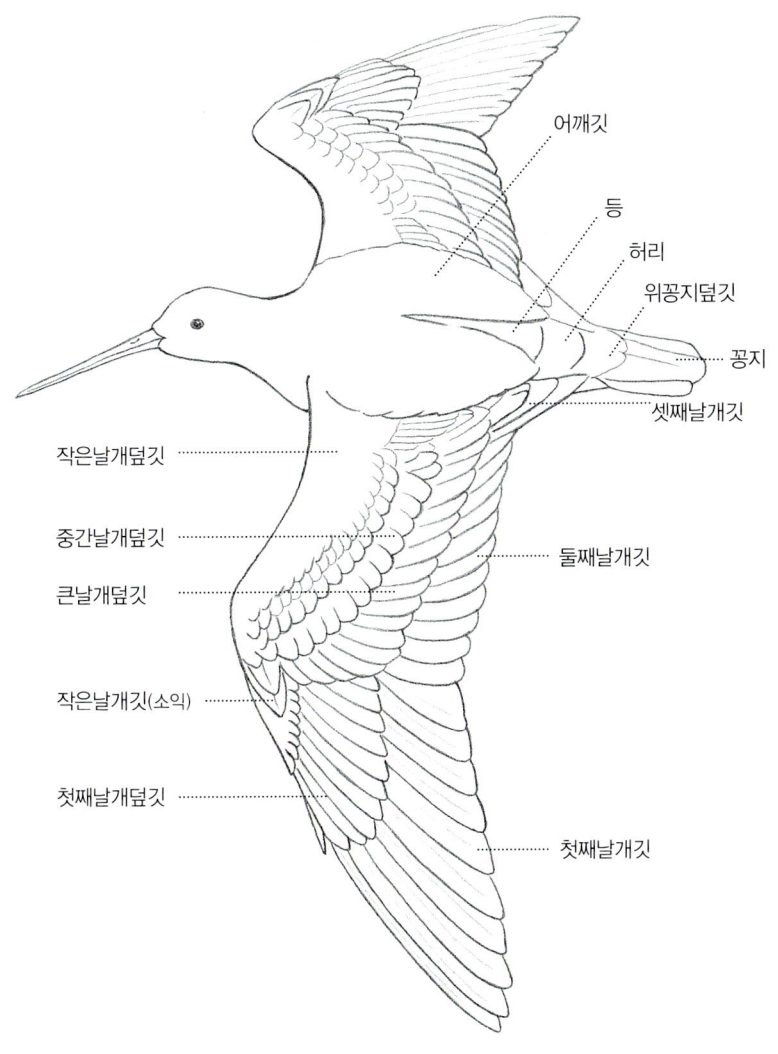

골격과 근육

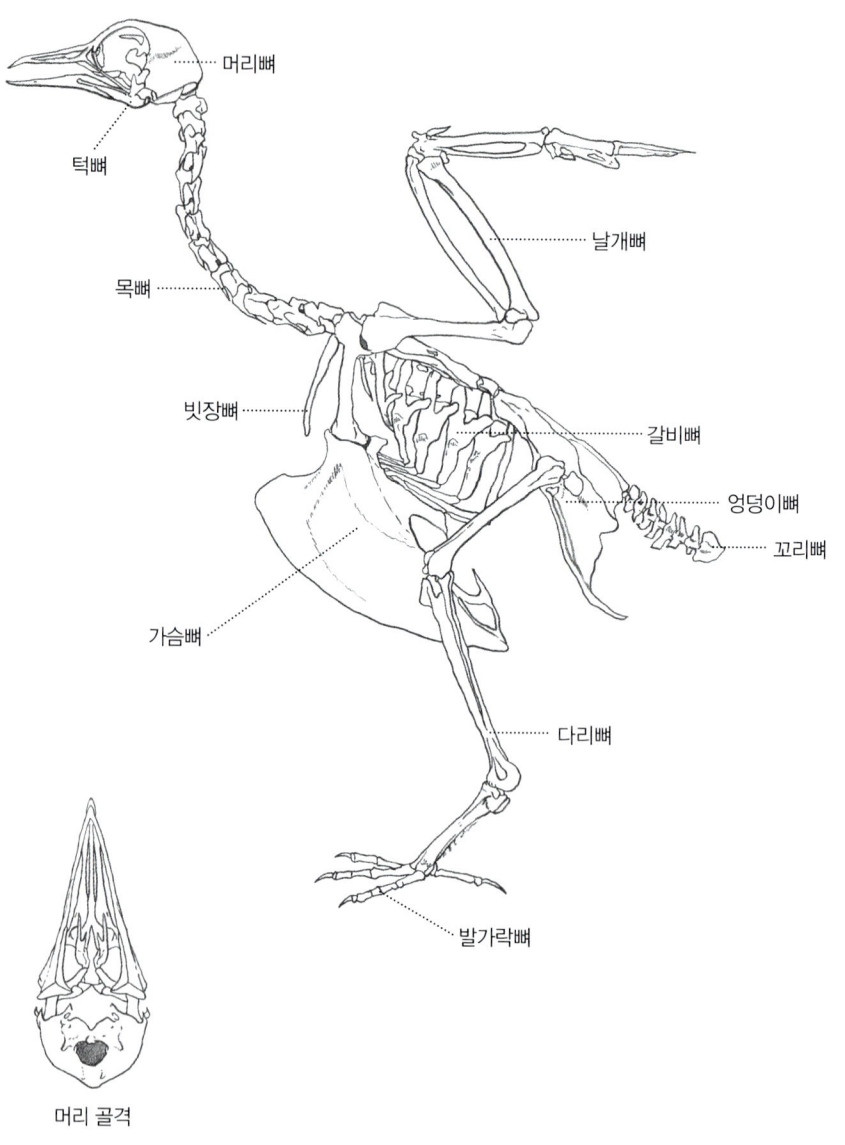

머리뼈
턱뼈
목뼈
빗장뼈
가슴뼈
날개뼈
갈비뼈
엉덩이뼈
꼬리뼈
다리뼈
발가락뼈

머리 골격

새의 골격과 근육은 하늘을 날아다니고 높은 나뭇가지에 앉아 쉬는 새의 기본 습성에 알맞도록 생겼다.

뼛속은 가는 조직이 얼기설기 얽혀 있어 물에 뜰 정도로 가볍지만 표면은 매우 단단하다. 이 뼈들로 이루어진 전체 골격 가운데 머리, 다리, 날개 뼈는 빈 곳이 많아서 더욱 가볍다. 그나마 몸통뼈가 빈 곳이 적어 무게 중심을 잡아 준다.

머리 골격은 크게 머리뼈와 턱뼈로 이루어져 있다. 머리뼈의 반 이상은 눈구멍이 차지하고, 턱뼈에는 이빨 대신 속이 빈 부리가 있어 몸무게를 줄여 준다.

날개 골격에는 뼈와 관절이 여러 개 있다. 새는 하늘을 날 때는 날개를 일자로 펼친 채 저어 날갯짓을 하고, 땅이나 나무 위에 앉을 때는 Z 자처럼 접는다.

새는 가슴뼈와 날개뼈 사이에 근육이 많이 붙어 있기 때문에 이 근육을 써서 앞으로 날아갈 수 있다. 따라서 땅 위에서 지내는 새보다는 수리나 매처럼 주로 하늘을 날아다니며 사는 새가 가슴뼈와 근육이 훨씬 발달한다.

흔히 다른 척추동물 꼬리뼈가 끝으로 갈수록 작고 가늘어지는 것과 반대로 새 꼬리뼈는 끝으로 갈수록 크고 굵어진다. 새가 날아오를 때 날개와 함께 꼬리에 큰 힘을 받기 때문이다.

대부분의 새들은 앞발가락이 3개, 뒷발가락이 1개다. 몸통 안쪽부터 바깥쪽으로 헤아릴 때 뒷발가락뼈가 1개, 앞쪽 첫째 발가락뼈가 2개, 둘째 발가락뼈가 3개, 맨 바깥에 있는 셋째 발가락뼈가 4개로 이루어져 있다. 이런 발가락 생김새 또한 새가 나뭇가지를 잡고 앉거나 먹이를 꽉 움켜쥔 채 하늘을 날 수 있도록 진화한 것으로 짐작한다.

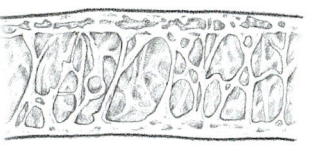

뼈 단면

깃털 생김새와 역할

새 몸에서 가장 눈에 띄면서도 종을 구분하는 중요한 기준이 되는 것은 깃털이다. 온몸을 덮고 있는 깃털은 몸집에 따라 3,000개에서 20,000개에 이르는데, 빠지고 나기를 되풀이하면서 새 몸을 지켜 준다.

깃털은 사람 머리카락과 같이 케라틴이라는 단백질로 이루어져 있어 가벼우면서도 질기고 강하다. 깃털 한가운데에는 깃털 축이 있고 깃털 축 양쪽에는 깃털 가지가 모여 이루는 깃털 판이 있어 깃털에 힘을 실어 주고 강한 바람에도 흐트러지지 않도록 잡아 준다. 깃털 가지는 작은 깃털 가지로 단단히 얽혀 있어 깃털에 힘을 더한다.

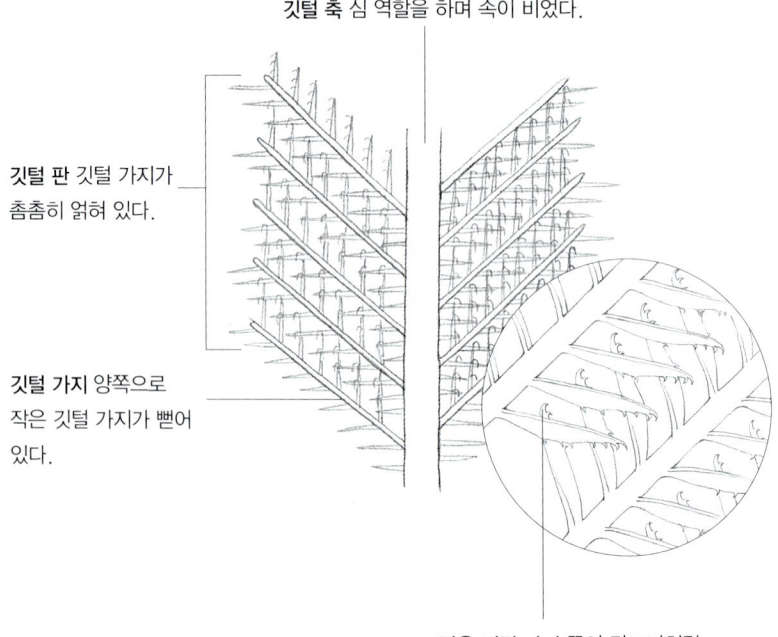

깃털 축 심 역할을 하며 속이 비었다.

깃털 판 깃털 가지가 촘촘히 얽혀 있다.

깃털 가지 양쪽으로 작은 깃털 가지가 뻗어 있다.

작은 깃털 가지 끝이 갈고리처럼 굽은 채 서로 얽혀 있다.

새 몸을 싸고 있는 깃털에는 날개깃, 꽁지깃, 몸 깃, 솜털 들이 있는데 저마다 다른 역할을 한다. 날개깃은 다른 깃털에 비해 수가 적지만 길고 가벼우면서도 힘이 있다. 날개 크기를 키우고 표면적을 넓혀서 기류를 타고 날기 쉽게 해 준다. 꽁지깃은 하늘을 날 때 방향을 조종하는 데 도움을 주고, 나무나 땅 위에 앉을 때는 몸의 균형을 잡아 준다. 몸 깃은 몸을 유선형으로 만들어서 날 때 공기 저항을 줄여 준다. 부드럽고 가는 솜털은 공기를 품어 겨울에도 몸을 따뜻하게 지켜 준다.

오리 같은 물새들은 깃털에서 나오는 기름 덕분에 몸이 물에 젖어 체온이 떨어질 위험 없이 마음껏 헤엄칠 수 있다. 짝짓기를 앞둔 수컷 새들은 날개나 꽁지깃을 활짝 펼치거나 흔들기도 하고 아름다운 치렛깃을 써서 암컷 눈길을 끈다.

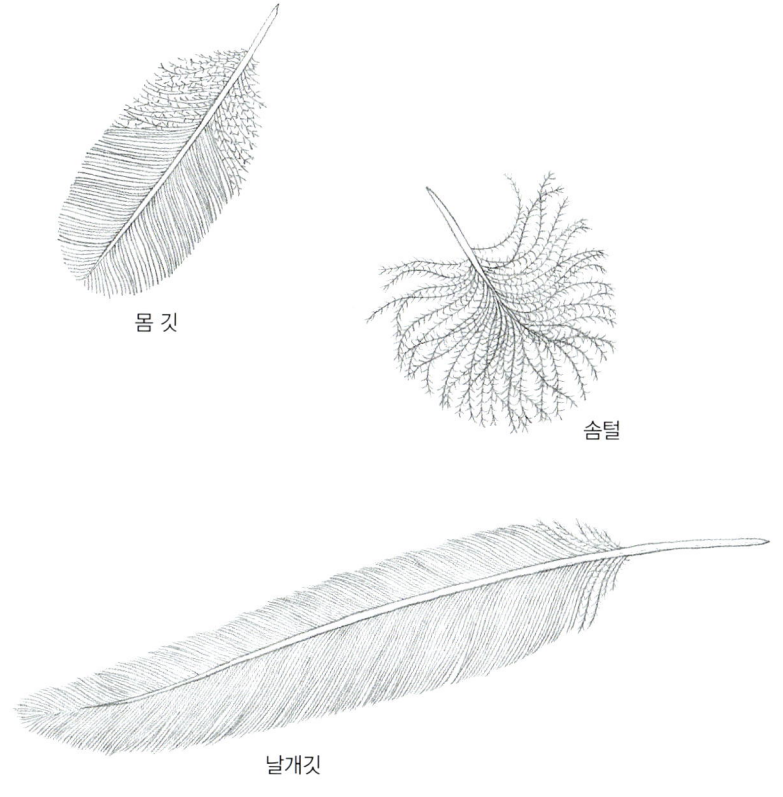

몸 깃

솜털

날개깃

깃털 차이와 변화

 같은 목, 같은 과, 같은 이름을 지닌 새라도 깃털은 나이, 계절, 성별 들에 따라 다양하게 나타나고 바뀐다.

 갈매기 무리는 나이에 따른 깃털 색의 차이가 큰 새 가운데 하나다. 태어난 해에는 온몸이 연한 갈색을 띤다. 하지만 갈수록 밝은 색 깃털이 자라면서 색이 섞여 얼룩덜룩하다가 2년에서 4년쯤 되어 다 자라면 희고 깨끗한 제 색을 찾는다.

 흰뺨오리나 원앙의 수컷은 계절에 따른 깃털 변화가 눈에 띌 정도로 크다. 암컷은 한 해 내내 수수한 갈색을 띠는 데 비해 수컷은 겨울부터 이듬해 초여름까지 깃털 색이 훨씬 알록달록하고 화려하다. 이 깃을 번식깃이라고 하는데, 수컷은 이 아름다운 깃털로 암컷 눈길을 끌어 짝짓기를 한다. 알을 낳고 새끼를 키우는 시기인 번식기가 끝나 갈 무렵, 수컷은 암컷과 거의 비슷한 깃털로 털갈이를 한다. 이

암컷

수컷

흰뺨오리

깃을 비번식깃이라고 부른다. 수컷은 늦여름부터 초겨울까지 수수한 비번식깃을 지닌 채로 지낸다. 겨울이면 다시 화려한 번식깃이 나기 시작해 이듬해 1~2월에는 완전한 번식깃을 갖추고 새로운 짝짓기를 준비한다.

민물도요나 꼬마물떼새, 개꿩 같은 새들도 번식깃과 비번식깃을 번갈아 입는데, 종에 따라 깃털이 바뀌는 시기나 형태는 조금씩 다르게 나타난다. 암수 가운데 암수 모두 바뀌기도 하고 수컷만 바뀌기도 하며, 암수 모두 바뀌는 경우에는 암수가 같은 색을 띠기도 하고 서로 다른 색을 띠기도 한다.

이처럼 다양한 깃털 변화를 통해 새들은 자라고, 주어진 환경에 적응하며 짝짓기와 새끼 치기라는 큰일을 해낸다.

번식깃

비번식깃

개꿩

나는 원리

새 날개는 하늘을 날기에 알맞게 생겼다. 앞은 둥글고 두툼하면서 뒤로 갈수록 뾰족하고 두께도 얇아지기 때문에 공기 저항을 줄이면서 날기 쉽다. 새가 날개를 펼친 채 하늘을 날면 맞서는 공기는 날개 위쪽에서 더 빨리 흐른다. 같은 시간 동안 공기가 지나는 거리가 더 길기 때문이다. 공기가 흐르는 속도가 다르면 기압도 달라지는데, 이 기압 때문에 날개를 위에서 끌어당기고 밑에서 밀어 올리는 힘인 '양력'이 생긴다. 새는 양력을 받으면서 날개를 움직여 바람을 조절한다.

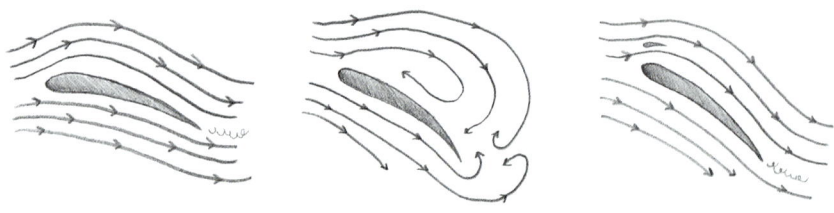

그런데 날갯짓을 할 때 날개가 지나치게 위쪽으로 기울어지면 공기 흐름이 흐트러지면서 소용돌이가 생긴다. 다시 말해 몸을 띄우는 힘인 양력이 사라진다. 그럴 때 새는 '소익'이라고 하는 작은 날개를 쓴다. 이 소익은 날개 위쪽 귀퉁이에 따로 붙어 있다. 날개가 위쪽으로 너무 꺾여 몸이 추락하려고 할 때 소익을 움직이면 공기 흐름이 매끄러워져서 양력이 다시 생긴다. 바람과 기압을 고르게 유지하는 데 도움을 주는 소익은 하늘을 날 때 꼭 필요하다.

소익(작은날개깃)

날개 생김새와 역할

날개 생김새는 새마다 조금씩 다르다. 산에 사는 새와 물에 사는 새가 다르고, 넓고 탁 트인 곳에서 오래 날아야 하는 새와, 작고 좁은 곳에서 조금씩 빠르게 날아야 하는 새가 다르다. 날개는 새가 사는 곳에 따라 가장 알맞은 모습으로 바뀌어 왔기 때문이다.

갈매기류 폭이 좁고 길다. 파도치는 바다에서 바람을 타고 날기에 알맞다. 바람이 세게 불 때는 날갯짓을 거의 하지 않고도 상승 기류를 타고 날 수 있다.

독수리, 말똥가리 크고 폭이 넓다. 무게가 있어서 빨리 날지는 못하지만 따뜻한 공기를 타고 위로 올라가는 데는 좋다. 날개 끝 깃털이 길고 사이가 손가락처럼 벌어져 있어 바람 방향을 바꾸기도 쉽다.

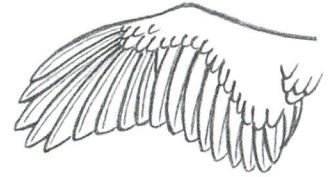

꿩, 딱따구리, 되새, 참새 넓고 둥그스름하다. 날개 칠 때 속도가 빠르고 먹이를 잡아먹거나 도망가면서 순간적으로 방향을 바꾸는 데 알맞다.

제비, 매, 황조롱이 길이가 짧고 끝이 뾰족하다. 공기와 부딪치는 면이 작아 오랫동안 빠르게 나는 데 좋다.

우리 이름 찾아보기

가

가마우지 Phalacrocorax capillatus 76
가창오리 Anas formosa 44
가창오리* Anas acuta 42
갈새* Acrocephalus orientalis 202
개갈매기* Larus crassirostris 126
개개비 Acrocephalus orientalis 202
개꿩 Pluvialis squatarola 108
개똥지빠귀 Turdus eunomus 224
개리 Anser cygnoides 24
개티티* Turdus eunomus 224
갯도요* Calidris alpina 124
갯비오리* Mergus merganser 50
검독오리* Anas poecilorhyncha 40
검은꼬리갈매기* Larus crassirostris 126
검은머리갈매기 Larus saundersi 130
검은머리물떼새 Haematopus ostralegus 102
검은머리소갈매기* Sterna hirundo 132
검은배알도요* Pluvialis squatarola 108
검은부리갈매기 Larus saundersi 130
고방오리 Anas acuta 42
곤줄매기* Parus varius 184
곤줄박이 Parus varius 184
괭이갈매기 Larus crassirostris 126
굴뚝새 Troglodytes troglodytes 212
궁궁새* Cuculus saturatus 138
귀제비 Hirundo daurica 190
금상모박새* Regulus regulus 210
긴꼬리오목눈* Aegithalos caudatus 192
긴다리도요* Himantopus himantopus 104
긴부리까치도요* Haematopus ostralegus 102
까마귀 Corvus corone 176
까치 Pica pica 174
까치도요* Haematopus ostralegus 102
깨까치* Garrulus glandarius 172
깨새* Parus ater 182
꺅도요 Gallinago gallinago 114
꼬마물떼새 Charadrius dubius 110
꽃진경이* Tadorna tadorna 34
꽃참새* Fringilla montifringilla 246
꾀꼬리 Oriolus chinensis 170
꿩 Phasianus colchicus 22
꿩매* Falco peregrinus 80

나

남동박새* Zosterops japonicus 208
노랑부리백로 Egretta eulophotes 74
노랑부리저어새 Platalea leucorodia 62
노랑지빠귀 Turdus naumanni 222
노랑턱멧새 Emberiza elegans 260
노랑할미새 Motacilla cinerea 242
논병아리 Tachybaputus ruficollis 54
농병아리* Tachybaputus ruficollis 54
누른물까마귀* Bubulcus ibis 70
누른뺨저어새* Platalea leucorodia 62

다

당백로* Egretta eulophotes 74
댕기도요* Vanellus vanellus 106
댕기물떼새 Vanellus vanellus 106
덤불해오라기 Ixobrychus sinensis 66
독수리 Aegypius monachus 86
동고비 Sitta europaea 214
동박새 Zosterops japonicus 208
되새 Fringilla montifringilla 246
두루미 Grus japonensis 100

따오기 *Nipponia nippon* 60
딱새 *Phoenicurus auroreus* 230
뜸부기 *Gallicrex cinerea* 92

라
류리딱새* *Tarsiger cyanurus* 228

마
마도요 *Numenius arquata* 116
말똥가리 *Buteo buteo* 90
매 *Falco peregrinus* 80
멋쟁이 *Pyrrhula pyrrhula* 254
멧비둘기 *Streptopelia orientalis* 134
멧새 *Emberiza cioides* 258
물개리* *Anser cygnoides* 24
물까마귀 *Cinclus pallasii* 238
물닭 *Fulica atra* 94
물수리 *Pandion haliaetus* 82
물쥐새* *Cinclus pallasii* 238
물촉새* *Alcedo atthis* 158
물총새 *Alcedo atthis* 158
민물도요 *Calidris alpina* 124

바
바다가마우지* *Phalacrocorax capillatus* 76
바다수리* *Pandion haliaetus* 82
바다직박구리 *Monticola solitarius* 232
박새 *Parus major* 180
반달오리* *Anas formosa* 44
밤물까마귀* *Nycticorax nycticorax* 68
방울새 *Carduelis sinica* 248
번대수리* *Aegypius monachus* 86
벙어리뻐꾸기 *Cuculus saturatus* 138

부비새* *Paradoxornis webbianus* 206
붉은꼬리여새* *Bombycilla japonica* 178
붉은머리오목눈이 *Paradoxornis webbianus* 206
붉은목담아지* *Gavia stellata* 52
붉은부리갈매기 *Larus ridibundus* 128
붉은허리제비* *Hirundo daurica* 190
비오리 *Mergus merganser* 50
뻐꾸기 *Cuculus canorus* 136
빽빽도요* *Tringa ochropus* 120
뿔논병아리 *Podiceps cristatus* 56
뿔농병아리* *Podiceps cristatus* 56
뿔종다리 *Galerida cristata* 194
삑삑도요 *Tringa ochropus* 120

사
산까치* *Pyrrhula pyrrhula* 254
산솔새 *Phylloscopus coronatus* 204
상모솔새 *Regulus regulus* 210
소리개* *Milvus migrans* 84
소쩍새 *Otus scops* 140
솔개 *Milvus migrans* 84
솔부엉이 *Ninox scutulata* 146
솔잣새 *Loxia curvirostra* 252
쇠기러기 *Anser albifrons* 28
쇠딱따구리 *Dendrocopos kizuki* 162
쇠박새 *Parus palustris* 186
쇠부엉이 *Asio flammeus* 148
수리개* *Milvus migrans* 84
수리부엉이 *Bubo bubo* 142
쏙독새 *Caprimulgus indicus* 150

아
아비 *Gavia stellata* 52

알도요* *Charadrius dubius* 110
알락딱따구리* *Dendrocopos major* 164
알락할미새 *Motacilla alba* 244
양지니* *Carpodacus roseus* 250
양진이 *Carpodacus roseus* 250
어치 *Garrulus glandarius* 172
오목눈* *Aegithalos caudatus* 192
오목눈이 *Aegithalos caudatus* 192
오색더구리* *Dendrocopos major* 164
오색딱따구리 *Dendrocopos major* 164
올빼미 *Strix aluco* 144
왜가리 *Ardea cinerea* 72
외쪽도기* *Caprimulgus indicus* 150
울새 *Luscinia sibilans* 226
울타리새* *Luscinia sibilans* 226
원앙 *Aix galericulata* 36
유리딱새 *Tarsiger cyanurus* 228

자

작은딱따구리* *Dendrocopos kizuki* 162
작은물까마귀* *Ixobrychus sinensis* 66
작은배알락딱따구리* *Dendrocopos kizuki* 162
잣새* *Loxia curvirostra* 252
장다리물떼새 *Himantopus himantopus* 104
재두루미 *Grus vipio* 96
저광이* *Buteo buteo* 90
저어새 *Platalea minor* 64
접동새* *Otus scops* 140
제비 *Hirundo rustica* 188
제비갈매기 *Sterna hirundo* 132
조롱이* *Falco tinnunculus* 78
좀도요 *Calidris ruficollis* 122
종다리 *Alauda arvensis* 196

쥐새* *Troglodytes troglodytes* 212
증경새* *Pandion haliaetus* 82
직박구리 *Microscelis amaurotis* 198
진박새 *Parus ater* 182
찌르러기* *Sturnus cineraceus* 216
찌르레기 *Sturnus cineraceus* 216
찍박구리* *Microscelis amaurotis* 198

차

참매 *Accipiter gentilis* 88
참새 *Passer montanus* 240
청다리도요 *Tringa nebularia* 118
청더구리* *Picus canus* 168
청둥오리 *Anas platyrhynchos* 38
청딩오리* *Anas platyrhynchos* 38
청딱따구리 *Picus canus* 168
청조* *Eurystomus orientalis* 152
청호반새 *Halcyon pileata* 156

카

콩새 *Coccothraustes coccothraustes* 256
크낙새 *Dryocopus javensis* 166
큰고니 *Cygnus cygnus* 32
큰기러기 *Anser fabalis* 26
큰류리새* *Cyanoptila cyanomelana* 236
큰물닭* *Fulica atra* 94
큰유리새 *Cyanoptila cyanomelana* 236
클락새* *Dryocopus javensis* 166

타

태극오리* *Anas formosa* 44
티티새* *Turdus naumanni* 222

파

파랑새 *Eurystomus orientalis* 152
푸른다리도요* *Tringa nebularia* 118
풀색딱따구리* *Picus canus* 168

하

해오라기 *Nycticorax nycticorax* 68
호랑지빠귀 *Zoothera aurea* 218
호랑티티* *Zoothera aurea* 218
호반새 *Halcyon coromanda* 154
혹고니 *Cygnus olor* 30
혹부리오리 *Tadorna tadorna* 34
홍여새 *Bombycilla japonica* 178
황로 *Bubulcus ibis* 70
황새 *Ciconia boyciana* 58
황조롱이 *Falco tinnunculus* 78
후투티 *Upupa epops* 160
휘파람새 *Cettia diphone* 200
흑두루미 *Grus monacha* 98
흰가슴알도요* *Charadrius alexandrinus* 112
흰눈섭황금새* *Ficedula zanthopygia* 234
흰눈썹황금새 *Ficedula zanthopygia* 234
흰두루미* *Grus japonensis* 100
흰목검은두루미* *Grus monacha* 98
흰물떼새 *Charadrius alexandrinus* 112
흰배지빠귀 *Turdus pallidus* 220
흰배티티* *Turdus pallidus* 220
흰뺨검둥오리 *Anas poecilorhyncha* 40
흰뺨오리 *Bucephala clangula* 48
흰죽지 *Aythya ferina* 46
흰죽지오리* *Aythya ferina* 46

* 을 덧붙인 이름은 북녘에서 쓰는 이름입니다.

학명 찾아보기

A

Accipiter gentilis 참매 88
Acrocephalus orientalis 개개비 202
Aegithalos caudatus 오목눈이 192
Aegypius monachus 독수리 86
Aix galericulata 원앙 36
Alauda arvensis 종다리 196
Alcedo atthis 물총새 158
Anas acuta 고방오리 42
Anas formosa 가창오리 44
Anas platyrhynchos 청둥오리 38
Anas poecilorhyncha 흰뺨검둥오리 40
Anser albifrons 쇠기러기 28
Anser cygnoides 개리 24
Anser fabalis 큰기러기 26
Ardea cinerea 왜가리 72
Asio flammeus 쇠부엉이 148
Aythya ferina 흰죽지 46

B

Bombycilla japonica 홍여새 178
Bubo bubo 수리부엉이 142
Bubulcus ibis 황로 70
Bucephala clangula 흰뺨오리 48
Buteo buteo 말똥가리 90

C

Calidris alpina 민물도요 124
Calidris ruficollis 좀도요 122
Caprimulgus indicus 쏙독새 150
Carduelis sinica 방울새 248
Carpodacus roseus 양진이 250
Cettia diphone 휘파람새 200
Charadrius alexandrinus 흰물떼새 112
Charadrius dubius 꼬마물떼새 110
Ciconia boyciana 황새 58
Cinclus pallasii 물까마귀 238
Coccothraustes coccothraustes 콩새 256
Corvus corone 까마귀 176

Cuculus canorus 뻐꾸기 136
Cuculus saturatus 벙어리뻐꾸기 138
Cyanoptila cyanomelana 큰유리새 236
Cygnus cygnus 큰고니 32
Cygnus olor 혹고니 30

D

Dendrocopos kizuki 쇠딱따구리 162
Dendrocopos major 오색딱따구리 164
Dryocopus javensis 크낙새 166

E

Egretta eulophotes 노랑부리백로 74
Emberiza cioides 멧새 258
Emberiza elegans 노랑턱멧새 260
Eurystomus orientalis 파랑새 152

F

Falco peregrinus 매 80
Falco tinnunculus 황조롱이 78
Ficedula zanthopygia 흰눈썹황금새 234
Fringilla montifringilla 되새 246
Fulica atra 물닭 94

G

Galerida cristata 뿔종다리 194
Gallicrex cinerea 뜸부기 92
Gallinago gallinago 꺅도요 114
Garrulus glandarius 어치 172
Gavia stellata 아비 52
Grus japonensis 두루미 100
Grus monacha 흑두루미 98
Grus vipio 재두루미 96

H

Haematopus ostralegus 검은머리물떼새 102
Halcyon coromanda 호반새 154
Halcyon pileata 청호반새 156

Himantopus himantopus 장다리물떼새 104
Hirundo daurica 귀제비 190
Hirundo rustica 제비 88

I

Ixobrychus sinensis 덤불해오라기 66

L

Larus crassirostris 괭이갈매기 126
Larus ridibundus 붉은부리갈매기 128
Larus saundersi 검은머리갈매기 130
Loxia curvirostra 솔잣새 252
Luscinia sibilans 울새 226

M

Mergus merganser 비오리 50
Microscelis amaurotis 직박구리 198
Milvus migrans 솔개 84
Monticola solitarius 바다직박구리 232
Motacilla alba 알락할미새 244
Motacilla cinerea 노랑할미새 242

N

Ninox scutulata 솔부엉이 146
Nipponia nippon 따오기 60
Numenius arquata 마도요 116
Nycticorax nycticorax 해오라기 68

O

Oriolus chinensis 꾀꼬리 170
Otus scops 소쩍새 140

P

Pandion haliaetus 물수리 82
Paradoxornis webbianus 붉은머리오목눈이 206
Parus ater 진박새 182
Parus major 박새 180
Parus palustris 쇠박새 186
Parus varius 곤줄박이 184
Passer montanus 참새 240
Phalacrocorax capillatus 가마우지 76
Phasianus colchicus 꿩 22

Phoenicurus auroreus 딱새 230
Phylloscopus coronatus 산솔새 204
Pica pica 까치 174
Picus canus 청딱따구리 168
Platalea leucorodia 노랑부리저어새 62
Platalea minor 저어새 64
Pluvialis squatarola 개꿩 108
Podiceps cristatus 뿔논병아리 56
Pyrrhula pyrrhula 멋쟁이 254

R

Regulus regulus 상모솔새 210

S

Sitta europaea 동고비 214
Sterna hirundo 제비갈매기 132
Streptopelia orientalis 멧비둘기 134
Strix aluco 올빼미 144
Sturnus cineraceus 찌르레기 216

T

Tachybaputus ruficollis 논병아리 54
Tadorna tadorna 혹부리오리 34
Tarsiger cyanurus 유리딱새 228
Tringa nebularia 청다리도요 118
Tringa ochropus 삑삑도요 120
Troglodytes troglodytes 굴뚝새 212
Turdus eunomus 개똥지빠귀 224
Turdus naumanni 노랑지빠귀 222
Turdus pallidus 흰배지빠귀 220

U

Upupa epops 후투티 160

V

Vanellus vanellus 댕기물떼새 106

Z

Zoothera dauma 호랑지빠귀 218
Zosterops japonicus 동박새 208

참고한 책

《동물대백과 조류 I, II, III》(C. M. Perrins, A. L. A. Middleton, 1988, CPI)
《동물의 세계》(정봉식, 1981, 금성청년출판사)
《두루미》(배성환, 2000, 다른세상)
《부산의 새》(우용태, 2002, 경성대학교 조류관)
《새》(유르겐 니콜라이, 1984, 범양사)
《새들의 여행》(히구찌 히로요시 2010, 바이오사이언스)
《새박사, 새를 잡다》(윤무부 외, 2004, 중앙 M&B)
《새와 새를 찾는 사람들》(박종길, 1998, 동서조류연구소)
《세계의 철새 어떻게 이동하는가?》(폴 컬린, 2005, 다른세상)
《세밀화로 보는 한반도 조류도감》(송순광·송순창, 2005, 김영사)
《쉽게 찾는 우리새-강과 바다의 새》(김수일 외, 2003, 현암사)
《쉽게 찾는 우리새-산과 들의 새》(김수일 외, 2003, 현암사)
《제주의 새》(강창완 외, 2010, 한그루)
《조류》(로저 피터슨, 1979, 한국일보타임-라이프)
《조류생태학》(김창희 외, 2000, 아카데미서적)
《조류원색도감》(류경, 1993, 공업종합출판사)
《조선말대사전》(사회과학원, 1992, 사회과학출판사)
《조선 조류지》(원홍구, 1963, 과학원출판사)
《주머니 속 새도감》(강창완 외, 2006, 황소걸음)
《천수만의 겨울철새》(조삼래, 2004, 한솔교육)
《한국야생조류》(서일성, 1993, 평화출판사)
《한국조류도감》(성문출판사 편집부, 1989, 아카데미서적)
《한국의 새》(윤무부, 1987, 아카데미서적)
《한국의 새》(이우신 외, 2000, LG상록재단)
《한국의 조류》(원병오, 1992, 교학사)
《한국의 조류 생태와 응용》(이인규, 2001, 아카데미서적)
《한국조류생태도감 1,2,3,4》(김수일 외, 2005, 한국교원대)
《한라에서 백두까지 한국야생조류》(서일성, 1993, 평화출판사)
《황새야, 황새야》(최삼규 외, 1996, 시공사)

《野鳥記》(Nobuaki hirano, 1997, 福音館書店)
《A Field Guide to the Birds of Eastern and Central North America》(Roger Tory Peterson, 2002, Houghton Mifflin)
《Backyard Bird Identification Guide》(Jerry G. Walls, 2000, TFH Publications)
《Backyard Birds》(Jonathan Latimer, 1999, Houghton Mifflin)
《Backyard Birds of North America》(Fred J. Alsop, 2003, Crane Hill Publishers)
《Birds》(John K.terres, 1991, Wingsbooks)
《Birds》(John gooders, 1992, Anglia)
《Bird by Bird: Some Instructions on Writing and Life》(Anne Lamott, 1995, Anchor)
《Birds of britain》(Paul sterry, 1997, AA publishing)
《Birds of the world》(Peter Scott, 1983, Optimum)
《Bird Songs》(Les Beletsky, 2006, Chronicle Books)
《Die kosmos vogel enzyklopadie》(Peter hayman, 2003, Kosmos)
《Peterson Field Guide: Eastern Birds' Nests》(Hal H. Harrison, 1998, Houghton Mifflin)
《Peterson First Guide to Birds of North America》(Roger Tory Peterson, 1998, Houghton Mifflin)
《Smithsonian Birds of North America》(Fred J. Alsop, 2006, DK Publishing)
《The Audubon Backyard Birdwatcher》(Robert Burton, 2002, Thunder Bay Press)
《The complete book of british birds》(Magnus magnusson, 1988, AA RSPB)
《The great book of birds》(Alessandro and sandro ruffo, 1997, Arch cape press)
《The sibley guide to bird life & behavior》(David allen sibley, 2001, Knopf)
《The sibley guide to birds》(David allen sibley, 2000, Knopf)
《The Sibley Field Guide to Birds of Eastern North America》(David allen sibley, 2003, Knopf)
《Twentith centry wildlife artists》(Nicholas hammond, 1986, Croom helm)

참고한 누리집

http://bric.postech.ac.kr/   http://www.nibr.go.kr/
http://www.birddb.com   http://www.science.go.kr/

기획 | 토박이
우리말과 우리 문화, 그리고 이 땅의 자연을 아끼고 사랑하는 모든 이들을 위해 좋은 책을 만들고자
애쓰는 사람들의 작은 모임입니다. 《보리 국어사전》, 《겨레 전통 도감》, 《온 겨레 어린이가 함께 보는
옛이야기》 20권을 만들었고, 자연의 모습을 세밀화로 담은 《새 도감-세밀화로 그린 보리 큰도감》,
《세밀화로 그린 보리 어린이 버섯 도감》, 《버섯 도감-세밀화로 그린 보리 큰도감》을 펴냈습니다.

글 | 김현태
1968년 충청남도 온양에서 태어났습니다. 중학교 때 몸이 아파 학교를 쉬는 동안 부모님께서
사 주신 십자매를 친구 삼아 키우면서 지냈어요. 대학교에서 생물 교육을 전공하다가 우연히
흑두루미 조사에 참여하면서 새에 본격적인 관심을 갖고 활동하기 시작했지요. 습지와 새들의 친구,
서산태안환경운동연합, 한국조류학회 같은 모임에서 활동을 하고 남극 세종 기지에 가서 새 조사를
하기도 했습니다. 지금은 새가 많이 찾아오는 서산에 자리를 잡고 고등학교에서 생물을 가르치고
있습니다. 《새 도감-세밀화로 그린 보리 큰도감》에 글을 썼습니다.

그림 | 천지현
1984년 서울에서 태어났습니다. 대도시에서 자랐지만 자연을 좋아해 어릴 적에도 만화 영화보다는
생태 다큐멘터리를 즐겨 보는 남다른 아이였어요. 자연을 그리는 취미를 살려 일러스트레이션을
공부하고, 제1회 보리 세밀화 공모전에서 상을 받은 뒤로 쭉 새 그림을 그리고 있습니다.
《보리 국어사전》, 《보리 아기 그림책》에도 세밀화를 실었고 《새 도감-세밀화로 그린 보리 큰도감》에
그림을 그렸습니다. 이 책을 본 사람들이 우연히 진짜 새를 만났을 때 "아, 저 새! 그 책에 있었지."
하고 알아볼 수 있었으면 하는 것이 작은 바람입니다.

펼친 그림 | 이우만
1973년 인천에서 태어났습니다. 자연이 잘 보존되어 있는 DMZ 안에서 군대 생활을 했는데도 흔한
박새조차 본 기억이 없을 만큼 자연에 무관심했지요. 2003년 우연한 기회로 《바보 이반의 산 이야기》
라는 생태 에세이에 그림을 싣게 되면서 자연의 소중함을 깨닫고, 그때부터 우리와 함께 살아가는
생명체들을 그리고 소개하는 일을 하고 있습니다. 《새 도감-세밀화로 그린 보리 큰도감》과
《솔부엉이 아저씨가 들려주는 뒷산의 새 이야기》에 그림을 그렸습니다.